Walt Whitman
hom(m)age
2005/1855

Library of Congress Control Number: 2005926843
ISBN 1-885586-46-9 (USA)

ISBN 2-84809-053-7 (FRANCE)

Walt Whitman
hom(m)age
2005/1855

Turtle Point Press
éditions joca seria

p. 18 From *Rivers and Mountains* by John Ashbery. Copyright © 1962, 1966 by John Ashbery in *The Mooring of Starting Out: The First Five Books of Poetry* (Ecco/HarperCollins) Copyright © 1966, 1997 by John Ashbery. Reprinted by permission of Georges Borchardt, Inc., on behalf of the author.

p. 20 From «The Lilac Variations.» Copyright © 2005 by Guy Bennett.

p. 24 From *Fugue State*, Zoland Books, 2001. Reprinted with the permission of the author. Copyright © 2001 by Bill Berkson.

p. 26 From *With Strings*, University of Chicago Press, 2001. Reprinted with the permission of the author. Copyright © 2001 by Charles Bernstein.

p. 28 Copyright © 2005 by Charles Borkhuis.

p. 30 Copyright © 2005 by Macgregor Card.

p. 36 From *So There, Poems 1976-83*, New Directions, 1998. Reprinted with the permission of the author. Copyright © 1998 by Robert Creeley.

p. 40 Copyright © 2005 by Tom Devaney.

p. 44 Copyright © 2005 by Ray DiPalma.

p. 46 From *The Shirt Weapon*, The Germ Monographs, 2002. Reprinted with the permission of the author. Copyright © 2002 by Brandon Downing.

p. 48 Poem originally published in *Rattapallax 9* and *POeP!* Reprinted with the permission of the author. Copyright © 2005 by Marcella Durand.

p. 50 Copyright © 2005 by Chris Edgar.

p. 52 «Abri du Cro-Magnon» is one section of a longer work that appeared in *Juniper Fuse: Upper Paleolithic Imagination & the Construction of the Underworld*, Wesleyan University Press, 2003. Reprinted with the permission of the author. Copyright © 2005 by Clayton Eshleman.

p. 54 «Six Children» was originally published in the *London Review of Books*, April 15, 2004. Reprinted with the permission of the author. Copyright © 2004 by Mark Ford.

p. 56 From *Some Values of Landscape and Weather*, Wesleyan University Press, 2003. Reprinted with the permission of the author. Copyright © 2003 by Peter Gizzi.

p. 58 From *Never*, Ecco, 2002. Reprinted with the permission of the author. Copyright © 2002 by Jorie Graham.

p. 62 From *Exigent Futures, New and Selected Poems*, Salt Press, 2003. Reprinted with the permission of the author. Copyright © 2003 by Michael Heller.

p. 66 Copyright © 2005 by Fanny Howe.

p. 70 From the «Kidnapped» section of *The Midnight*. Copyright © 2003 by Susan Howe. Reprinted by permission of New Directions Publishing Corporation; all rights reserved.

p. 72 Copyright © 2005 by Robert Kelly.

p. 76 From *How Many More of Them Are You?*, Avec Books, 1999. Reprinted with the permission of the author. Copyright © 1999 by Lisa Lubasch.

p. 80 «The Premises of Grass» was originally published in the *Boston Review*, 2005. Reprinted with the permission of the author. Copyright © 2005 by Eugene Ostashevsky.

p. 82 From *You Never Know*, Coffee House Press, 2002. Reprinted with the permission of the author and Coffee House Press. Copyright © 2002 by Ron Padgett.

p. 84 Copyright © 2005 by Michael Palmer.

p. 88 Copyright © 2005 by Kristin Prevallet.

p. 94 Copyright © 2005 by Joan Retallack.

p. 98 Copyright © 2005 by Sarah Riggs.

p. 102 Adapted from *Emergency Measures*, The Figures, 1987. (Re)printed with the permission of the author. Copyright © 2005 by Stephen Rodefer.

p. 106 Reprinted with the permission of the author. Copyright © 1999 by Lytle Shaw.

p. 110 From *The California Poem*, Coffee House Press, 2004. Reprinted with the permission of the author and Coffee House Press. Copyright © 2004 by Eleni Sikelianos.

p. 116 From *The Good House*, Spectacular Books, 2001. Reprinted with the permission of the author. Copyright © 2001 by Rod Smith.

p. 120 Copyright © 2005 by Cole Swensen.

p. 124 From *Pavane*, Sherwood Press, 1981. Reprinted with the permission of the author. Copyright © 1981 by David Trinidad.

p. 126 Copyright © 2005 by Anne Waldman.

p. 132 From *The House Seen from Nowhere*, Litmus Press, 2002. Reprinted with the permission of the author. Copyright © 2002 by Keith Waldrop.

p. 134 Reprinted with the permission of the author. Copyright © 1956 by Jonathan Williams.

p. 136 Copyright © 2005 by Elizabeth Willis.

p. 138 Forthcoming in *Web Conjunctions*. Reprinted with the permission of the author. Copyright © 2005 by Andrew Zawacki.

Préface

« Je vous enseigne à vous détourner de moi, et qui, pourtant, peut se détourner de moi ? ». Embrasser Whitman ou s'en éloigner, telle est la question que se sont posée les poètes américains pendant près de cent cinquante ans. Les textes qui suivent n'ont ni l'intention de régler des comptes ni celle d'offrir un hommage béat au patriarche de Camden. Après l'écœurement quasi général de ses contemporains et le rejet œdipien de la part des chefs de file du modernisme américain, les poètes d'aujourd'hui peuvent enfin lire *Feuilles d'herbe* sans état d'âme, sans sombrer dans l'admiration excessive ou le rejet brutal, suspects et contre-productifs à part égale.

En marge de célébrations universitaires autour du cent cinquantième anniversaire de la première édition de *Feuilles d'herbe*[1], la présente anthologie est le fruit d'une demande faite à ceux que Whitman appelait les « poètes à venir». Il y a fort à parier que le poète aurait été satisfait de voir les multiples directions prises par ceux qui lui rendent ici hommage. «37 + 1» aurait pu être le sous-titre de ce recueil, en référence à deux publications pionnières de poèmes américains contemporains traduits en français[2]. Trente-sept poètes américains et un poète britannique ont en effet répondu présent à l'appel que nous leur avions lancé et ont accepté de nous confier des poèmes ou extraits de poèmes, déjà publiés, parfois réécrits ou bien composés pour l'occasion.

Nombre de ces textes ont une tonalité polémique, les auteurs contactés ayant été sensibles à la dimension politique d'une publication organisée conjointement par des éditeurs de deux pays dont les relations actuellement sont loin d'être cordiales. En outre, le recueil de Whitman, bible revendiquée d'une démocratie américaine qu'il rêvait universelle, se lit, de nos jours comme en 1855, comme une utopie consolatrice, où toutes les tensions idéologiques et esthétiques sont résolues dans une harmonie collective. Qu'il soit aujourd'hui impossible de croire naïvement à cette fiction édénique confère une dimension supplémentaire au projet poétique de Whitman. L'hommage qui lui est rendu ici est une nouvelle preuve que son chant continue à résonner dans un monde dont le besoin de beauté et d'idéal est toujours aussi criant.

Éric Athenot & Olivier Brossard

---

1. «Celebrating Whitman», Université de Paris VII du 4 au 6 juillet 2005.
2. Le hasard a voulu que cette anthologie partage la désinence «+1» avec deux de ses illustres aînées, *21+1 Poètes américains d'aujourd'hui* (Delta, 1986) et *49+1 Nouveaux poètes américains* (Royaumont, 1991), anthologies réalisées toutes deux par Emmanuel Hocquard et Claude Royet-Journoud.

Preface

"I teach straying from me, yet who can stray from me?" So asks Whitman, America's own "the bard", with a candor that would seem downright possessed from anyone, well, else. Not to coddle a self-described prophet, but American poets have indeed set a 150-year-long course alternately straying from and cleaving to their bard.

The present anthology is not out to hazard an inventory of who can or cannot, should or shouldn't stray. It's a little late in the day for anxiety-of-influence pleasantries like those enjoyed by the American modernists. And what's the bluebook value on a 1973 Harold Bloom hardcover anyway? Reading influence as either wholesale fawning or score-settling has limited yield as an interpretive strategy, and we think the following texts will bear this out.

The occasion for this book is the 150th anniversary of the first *Leaves of Grass*. For a conference celebrating this historical event[1], we sent a call-for-work to those Whitman had already known as "poets to come." We're happy to report how pleased he'd be to regard the variety of those gathered here around him.

This collection might have been titled "37 +1" after those signal anthologies of contemporary American poetry in French translation[2]. Thirty-seven American poets and one British poet have answered our call for texts, many even composing works specifically for the occasion. The resulting collection, finally, is often strikingly polemic. The poets we contacted were sensitive to the political nature of the anthology's joint publication in two countries whose relationship has come under considerable strain as of late. It's been said, in so many words, that *Leaves of Grass* dresses American democracy in a moose-pasture of universality. It's true we can no longer harken to this and other of its utopian fictions with equal naïveté. But our world needs beauty, ethics and ideals, and naïveté has arguably never been requisite for Whitman's project to astonish and, as here, provoke and draw homage.

Éric Athenot & Olivier Brossard
A stray translation by Macgregor Card

1. "Celebrating Walt Whitman" July 04-06, Université de Paris VII.
2. Emmanuel Hocquard & Claude Royet-Journoud eds., *21 + 1 Poètes américains d'aujourd'hui* (Delta, 1986), *49 +1 Nouveaux poètes américains* (Royaumont, 1991).

Table of Contents / Table des Matières

in memoriam Robert Creeley (1926 – 2005)

Anthology/Anthologie

John Ashbery

Extrait des « Patineurs »

Tout le voyage va devoir être annulé.
Il serait impossible de changer les correspondances.
Et puis, les hôtels sont complets en cette saison. Les jonques bondées de réfugiés
Qui reviennent des îles. La daurade et le flet abondent dans les eaux troublées....

En fait ce sont eux, les piliers de l'économie sur l'île.
Eux, et les cigarières. Merci de déposer vos papiers à la réception en sortant,
Vous voyez. «La Marche nuptiale». Ah oui, c'est le style. Le couple descend
Le perron de la petite église ancienne. On lance des rubans, des rubans de nuages

Et le soleil semble montrer le nez. Mais il y a déjà eu tellement de fausses alertes....
Non, cette fois ça y est! La tempête est passée. Le temps s'est remis au beau.
Et le voyage? Maintenu! Ecoutez tous, le navire s'ébranle,
J'entends le mugissement de sa sirène! Nous avons juste le temps de gagner le quai!

Et la foule s'écoule, dans la sulfureuse lumière du soleil,
Jusqu'aux eaux glauques et argentées où se dresse l'étincelant navire blanc
Et se déverse à bord du grand vaisseau, cohue heureuse et bigarrée
Psalmodiant et déversant des cantiques à la surface de l'océan....

Nous entraînant, nous remorquant dans leur sillage, à l'aide de serpentins,
De confettis d'or et d'argent. Souriants, nous rions et chantons avec les fêtards
Mais ne sommes pas vraiment sûrs de vouloir partir: le quai est si ensoleillé et si chaud.
Ce majestueux navire va lever l'ancre pour qui sait quelle destination ?

Et pleins de rires et de larmes, nous suivons timidement les autres passagers une fois de plus.
Le sol se soulève sous nos pieds. Est-ce le navire? Ce pourrait être le quai....
Et dans un grand défroissement toutes les voiles se gonflent.... Une répugnante
     fumée noire dégorge des cheminées
Maculant gaîment le carnaval doré des costumes du jais de sa suie noire

Et, comme dans un tunnel le voyage s'engage
Pour, comme je l'ai dit, simplement se poursuivre. Les yeux de ceux restés
     à quai sont humides
Mais les nôtres secs. S'engage dans la secrète et vaporeuse nuit avec nous tous!
Dans l'inconnu, l'inconnu qui nous aime, le grand inconnu!

Tiré de *Rivières et montagnes*, 1966.
Traduction d'Antoine Cazé.

John Ashbery

From "The Skaters"

The whole voyage will have to be canceled.
It would be impossible to make different connections.
Besides, the hotels are all full at this season. The junks packed with refugees
Returning from the islands. Sea-bream and flounder abound in the muddied
    waters....

They in fact represent the backbone of the island economy.
That, and cigar rolling. Please leave your papers at the desk as you pass out,
You know. "The Wedding March." Ah yes, that's the way. The couple descend
The steps of the little old church. Ribbons are flung, ribbons of cloud

And the sun seems to be coming out. But there have been so many false alarms...
No, it's happened! The storm is over. Again the weather is fine and clear.
And the voyage? It's on! Listen everybody, the ship is starting,
I can hear its whistle's roar! We have just time enough to make it to the dock!

And away they pour, in the sulfurous sunlight,
To the aqua and silver waters where stands the glistening white ship
And into the great vessel they flood, a motley and happy crowd
Chanting and pouring down hymns on the surface of the ocean....

Pulling, tugging us along with them, by means of streamers,
Golden and silver confetti. Smiling, we laugh and sing with the revelers
But are not quite certain that we want to go—the dock is so sunny and warm.
That majestic ship will pull up anchor who knows where?

And full of laughter and tears, we sidle once again with the other passengers.
The ground is heaving under foot. Is it the ship? It could be the dock....
And with a great whoosh all the sails go up.... Hideous black smoke belches
    forth from the funnels
Smudging the gold carnival costumes with the gaiety of its jet-black soot

And, as into a tunnel the voyage starts
Only, as I said, to be continued. The eyes of those left standing on the dock are wet
But ours are dry. Into the secretive, vaporous night with all of us!
Into the unknown, the unknown that loves us, the great unknown!

Guy Bennett

Extraits des « Variations lilas »
D'après Whitman, à la mémoire de Mac Low, en pensant à Hopkins

4

Pâle rayé jaune gazouillais
Parfumé où inouïe
l'attente éclora, voilé de vent
le foyer gît tranquille, oui
au doux lilas brillant de maints
rêves mouvants de rhapsode,
apportant au seuil fleuri du buis-
son en fleurs les effluves inouïes
déposées voyantes sur ce seuil ultime
ouvrant au regard argent de la mort.

9

Gazouillent oui feuilles brûlantes
des collines au loin, réjouissantes
villes gazouillent dans leurs rauques
vues, gazouille tous les jours
la terre maîtresse, en forme militaire
ses rives en fleurs se flétrissent, fleur
flétrie fragile devant le seuil
sur la grille l'éternel retour
des tourterelles, éveillant dans
les maïs infinis le miracle
lilas que tout corps bruni
voile, endeuillé.

Guy Bennett

From "The Lilac Variations"
After Whitman, in memoriam Mac Low, thinking of Hopkins

4

Pale yellow-spear'd warbling
fragrant wast where white
waiting shall bloom, wind-dapple
dwellings work calm, welcome
gentle lilac shining with many-
moving dreams that chant forth,
bringing door-yard-blooming bush-
bloom'd washlings' white world
to land lustrous this last dooryard
fronting death's silver gaze.

9

Warble one burning leaves
the distance hills, delicious
cities warble in their husky
panoramas, warble master-
land daily, its soldier-shaped
shores bloom drooping, bloom-
droop'd delicate door-yard
palings the ever-returning
trinity spots, arousing
in endless wheat the lilac
miracle every dark-brown
corpse clouds, mournful.

12

Je quitte les champs de lilas,
croise des militaires tout excités
et tout en fleur de rêches
épis, les vues sacrées
de leur seuil flétries
(oui, flétries), et vois !
les champs infinis de fleurs
de lilas du jour, du buisson de lilas
en forme de cœur les feuilles fragiles
font louange silencieuse à mon retour
gazouillant chez moi.

15

Délicieuses demeurent
ces limpides visions
de longs lys flétris,
quand saigne la rhapsodie
que gazouille l'oiseau dissonant
il dit « lilas ! lilas ! lilas ! »
et aussi « seuil ! seuil !
seuil ! » brisant
le regard solennel qui m'isole
dans les villes grises, tandis qu'à l'ouest
la première étoile brille amie
sur les bois en forme de cœur.

Traduction d'Hélène Aji.

12
I depart the lilac fields,
passing soldiers all arous'd
and blooming large with husky
corn, the sacred panoramas
of their door-yard drooping
(and how they droop), and lo!
the endless fields of daily-
bloom'd lilac, the lilac-bush's
delicate heart-shaped leaves
praise me silent while I return
warbling homeward.

15
Delicious remain'd
these clear-bound visions
of long lilies drooping,
'til the bleeding chant
of the warble-bird clang forth,
all "*lilac! lilac! lilac!*,"
and "*dooryard! dooryard!
dooryard!*," breaking
the solemn gaze secluding
me in dim cities, while west
the early star shines lovely
upon the heart-shaped woodlands.

Bill Berkson

Bâches

La sculpture moderne, cette épave, embrasse
les ivresses du Khan.

Ça alors, regarde, Walt, ils posent
des voies de tramway sur Market

dans cette ville de filles blanches et pastel !

Mettez-vous en sandwich, car les rendez-vous, ça craint. Reste à mes vêtements,
dans leurs tiroirs sous- ou surencombrés, à démonter le décor.

Notre moi nous échappe, non ?
« Ça », on en veut pas.

Entre porte et poteau, toute
une arithmétique.

Traduction d'Éric Athenot.

Bill Berkson

Tarps

Modern sculpture, the wreck, embraces
inebriations of Khan.

Gosh, look, Walt, they are laying
track on Market for the Muni

in this town of white and pastel girls.

Sandwich yourselves, for appointments suck. My clothes
un- or overencumbered in drawers must strike the set.

Surreptitious self is it.
We don't want "It."

Between door and post obtains
an arithmetic.

Charles Bernstein

L'odeur des mauvais cigares

À entendre le poète savant
Parler d'incunables et brioches
Je dérivai sans but, échouant de l'autre côté du miroir
Dans l'humide nuit new-yorkaise
Rôdant, imparfaitement confus, dans le
Refrain méandreux de la rue

Traduction d'Omar Berrada.

Charles Bernstein

The Smell of Cheap Cigars

When I heard the learned poet
Talking of incunabulas and brioche
I drifted aimlessly, falling through the mirror
Into the damp New York night
Lurking with imperfect confusion in the
Meandering sing-song of the street

Charles Borkhuis

Général inspectant le champ de bataille

D'après Whitman

qui n'a pas été abattu est toujours debout
statue entre les ruines
j'incline mon chapeau en arrière
et la tête de même

les feuilles de chêne dans mes poches
parlent aux herbes ardentes
n'ai-je pas la tête fendue d'une oreille à l'autre
ne suis-je pas à l'écoute
de la tête d'écho
vacillant avant l'assaut

n'ai-je pas assisté au spectacle de singe
et entendu la toux du soldat
couvrir le son des tambours
n'ai-je pas senti la balle tirée dans l'air
épais comme un essaim de mouches et vu les fantassins
fondre tels de la neige sur la terre chaude

assurément cette maison
repose sur des esprits divisés
assurément ces idéaux apprêtés
sont l'aimant futile de l'honneur
à n'en pas douter, j'ai traîné la métaphore
dans la boue et m'en suis
essuyé la bouche

à coup sûr, ces mots ne sont rien
d'autre que vers grouillants
qui sur ma tombe ouverte
agitent un drapeau blanc

Traduction de Vincent Broqua.

Charles Borkhuis

The General Surveys the Field

after Whitman

who was not killed is still standing
statue among the ruins
I wear my hat on backwards
and my head similarly cast

the oak leaves in my pockets
talk to burning grasses
am I not split by the ears
am I not listening
to echo's head
teetering on the brink of an assault

have I not seen the monkey show
and heard the soldier's cough
that drowns out drums
have I not felt shot in the air
thick as flies and seen charging men
melt like snow upon warm earth

certainly this is a house
on heads divided
certainly these dressed up ideals
serve as honor's vain magnet
no doubt I have driven metaphor
into the mud and wiped
my mouth with it

surely these words are no more
than noisy worms
waving white flags
over my open grave

Macgregor Card

Je suis le professeur des athlètes

I.
Je suis las de m'évertuer à faire passer un navire.
Puis-je poser mes jambes sur une vire dans la montagne ?
Il y a des bois en rapport à
de plus profondes mares.
Du sport en rapport au parking.
La guerre en rapport au chant.
Une série de bourdes fait rire tout le monde.
Est-ce que tout le monde a fini son poème maritime ?
Je veux laisser derrière moi des esquisses pour l'Amérique.
Comme la plupart des gens
seuls dans un long rang de perles
la plupart des océans ne sont jamais allés voir la côte.
Là-bas, tel un navire de guerre dans un dépliant pour marins,
une jolie fille en maillot de bain émerge des eaux d'une mare,
c'est bien mieux que d'être assassiné dans son sommeil.
«Je suis dans l'obligation de vous faire rien du tout»,
dit-elle, «Ne déviez pas l'eau
de votre visage – cela diminuera votre autorité».
Ne dîtes rien de plus que merci et de rien.

II.
Plus au nord, de fulminants et tonitruants épiscopaliens
exigent des réponses près des figuiers sauvages.
Quelle est notre pénalité ?
Où notre amiral étoilé fait-il son quart ?
Quel serait un mot oriental pour cruche de vin ?
Je pourrais prouver qu'il y a quelque chose dans l'air
en enlevant mes vêtements
me croyez-vous maintenant ?
Au lieu de cela j'ai perdu tant de temps
flanqué de lourds arbres et broussailles
dans le plus simple appareil que j'ai rencontré des Grecs.

Macgregor Card

I Am the Teacher of Athletes

I.
I am tired from causing a ship to pass.
Can I rest my legs on a mountain path?
There are woods in relation
to deeper than usual ponds.
Sport in relation to parking.
War in relation to song.
A series of pratfalls makes everyone laugh.
Has everyone finished their seafaring poems?
I want to leave drafts for America.
Like most other folks
alone in a long string of pearls
most ocean has never been to see the shore.
Right there, as if a ship of war in a mariner's brochure
a lovely girl in a swimsuit emerges from a pond,
better than being murdered in your sleep.
"I'm under bond to do to you no thing,"
she says, "Do not conduct water
from your face—it will diminish your authority."
Say nothing more than thank you and you're welcome.

II.
Further north, thundering loud Episcopalians
at the wild fig tree press hard for answers.
What is our penalty?
Where does our starry admiral keep watch?
What is an oriental word for wine-jar?
I could prove there's something in the air
by taking off my clothes
now do you believe me?
Instead I lost so much time
flanked by heavy trees and brush
in the nude that I met some Greeks.

Agamemnon. C'était quelqu'un de très important.
Tranquillité, agitation, ou un truc du genre.
La lumière qui vient du ciel,
apprit-il, a une teinte rougeâtre.
Dommage qu'il ait perdu tant de temps.
Les films étaient dangereux dans le temps
mais il faut bien que les gens du cinéma vivent aussi.
Ferme les portes et les fenêtres de ta chambre.
Les animaux tournent en couleur.

III.

Un crâne apparut à l'intérieur de ton visage,
puis les applaudissements retentirent.
Peut-être ton spectacle pourrait-il être sur Dieu
dans un grand bâtiment terne,
un lacis clair et défini de fenêtres à demi nues
cloue la lumière au sol.
A l'impossible pas de mobilier.
Ceci n'est qu'éternellement vrai.
Le soleil brille à travers le chef.
Le chef marche près de Dieu.
Les agneaux massacrent ma chanson préférée.

IV.

Une longue algue a
traversé un jardin privé,
couronne éclatante de l'irresponsable et loquedu corral.
Il n'y a pas de donneurs d'organes sur la Côte d'Azur.
Il n'y a pas de lords anglais *un peu* frêles.
Il n'y a pas de caisses d'épargne surnaturelles.
Il y a leurs filles dormant et veillant.
Il y a des voitures dans le Dakota du sud.
Ma voiture a un échappement à effet de dispensaire.
Pose ma voiture par terre et fais trois pas en arrière.
Si tu n'es pas parti avant le coucher du soleil
bises aux enfants,

Agamemnon. He was very important.
Tranquility, excitement or whatever.
The light that comes from the sky,
he learned, has a reddish tint.
Too bad he lost so much time.
Film was dangerous in the old days
but movie people have to live too.
Lock the doors and windows of your room.
The animals are shooting with color.

III.
A skull appeared inside your face,
then the applause broke out.
Maybe your show could be about God
in a high, dull building,
a clear defined net of half-naked windows
stab the light to the floor.
There is no furniture for the impossible.
This is only eternally true.
The sun shines through the chief.
The chief walks close to God.
The lambs are ruining my favorite song.

IV.
A vast ocean weed has moved
through a private garden,
bright corona of the zero-responsibility corral.
There are no organ donors on the Riviera.
There are no *slightly* effete British lords.
There are no supernatural savings banks.
There are sleeping and waking daughters.
There are cars in South Dakota.
My car is an emissions caregiver.
Put my car on the ground and back off.
If you aren't gone by sundown
love to the children,

j'espère qu'ils n'ont pas frappé les douze coups.

Il est si douloureux de ramper.

Transmettez-leur ma sympathie, ma déception et mes fleurs.

L'histoire est toujours la même.

Trois frères jouant le soir

s'arrêtent pendant vingt ans

et posent pour un portrait.

C'est le portrait d'un commissaire de police montant un agneau.

Me croyez-vous maintenant ?

Traduction d'Olivier Brossard.

I hope they have not struck twelve.
How painful it is to creep.
Send them my sympathy, my disappointment, and my flowers.
The story is always the same.
Three brothers playing at night
pause for twenty years
to sit for a portrait.
It is a portrait of a police commissar riding a lamb.
Now do you believe me?

Robert Creeley

Mer

À jamais
dort,
eau récurrente.

•

Pierre dressée,
qui pense.

•

Garçon et chien
suivant
le bord.

•

Reviens, première
des vagues que j'ai vues.

•

Homme plus âgé au
bord d'eau, pantalon
marron retroussé,
jambes blanches, et poils.

•

Fins nuages
légers commencent à
glisser au-dessus de
soleil, im-
perceptiblement.

Robert Creeley

Sea

Ever
to sleep,
returning water.

•

Rock's upright,
thinking.

•

Boy and dog
following
the edge.

•

Come back, first
wave I saw.

•

Older man at
water's edge, brown
pants rolled up,
white legs, and hair.

•

Thin faint
clouds begin
to drift over
sun, im-
perceptibly.

•

Bâton enfoncé
dans sable, chaussures,
sweater, cigarettes.

•

Pas de maison à laquelle
se rendre davantage.

•

Mais cette ligne,
de ciel et mer,
quelque chose d'autre.

•

Adios, eau –
à un autre jour.

Traduction de Martin Richet.

•

Stick stuck
in sand, shoes,
sweater, cigarettes.

•

No home more
to go to.

•

But that line,
sky and sea's,
something else.

•

Adios, water –
for another day.

Tom Devaney

La voiture, une fenêtre et la Deuxième Guerre mondiale

On a grandi face à l'arrière honni d'une
        maison malgré tout respectable.
Comme dans toutes les bonnes histoires, c'est une Époque qui n'a pas de fin.
L'ambiance dans laquelle des chemises étaient empilées
dans les blanchisseries asiatiques et qui maintenant restent en nous
        comme une vieille fougère.
Oubliez l'oubli : on compte sur les rayures.
La mémoire nous appelle et dit, *Fermez la fenêtre,*
        c'est FERMÉ !
Promettre d'être discret, j'imagine que c'est le genre de chose qu'on accepte ou
    qu'on n'accepte pas.
La manière avec laquelle demeure ce qui demeure d'un fait insoluble :
quelques fourrures sont fausses, d'autres non ; une vraie moumoute
        blonde et efféminée ;
le capot plus obscur d'une voiture (c'est pas un endroit pour s'asseoir).
Je ne me souviens pas très bien de tout ça.

Une voiture est un objet comme un petit pays.
La Deuxième Guerre mondiale : La Guerre Palindrome, WWII.
Maman, Papa, voiture, fenêtre, la 2ᵉ G.M. qui n'en finit pas.
Le bateau, Stalingrad, Coulez le Bismarck !,
        To Hell and Back, Un pont trop loin,
pour ne citer que les plus grands des Monuments.
        Rambo : First Blood, Drugstore Cowboy, Terminator,
        Blade Runner — tout sur cassette vidéo et
        sur DVD pour toute la vie.
Tenir la distance n'est pas réduire la distance.
C'est une question d'intérieur/extérieur.

Un jour, après la guerre, il a déchargé son fusil dans un étang,
les poissons morts sont vite remontés à la surface.
Je pouvais voir qu'il pouvait le voir, mais c'est tout ce que je pouvais voir.
Pas encore une de ses histoires de poissons ; il me l'a racontée une fois et jamais
        plus il ne m'a reparlé des poissons, de l'étang ou du fusil.

Tom Devaney

The Car, a Window, and World War II

We grew up facing the despised backside of
  an otherwise honest house.
As in all good tales, it is a Period without a period.
The atmosphere in which shirts were stacked
in a Chinese laundry and now live on in us
  like an ancient fern.
Forget forgetting; we depend upon the pin stripes.
Memory calls and says, *Shut the window,*
  we're CLOSED!
A pledge of discretion, I guess it's a yes or no thing.
The way the remains of an intractable fact remains:
some furs are fake, some are not; a true blond
  poofy hairlet;
the more obscure hood of a car (not a place to sit).
I can't remember all of them that well.

A car is an object like a small country.
World War II: The Palindrome War, WWII.
Mom, Dad, car, window, the never ending WWII.
Das Boot, Enemy At The Gates, Sink the Bismarck,
  To Hell And Back, A Bridge Too Far,
to name but the most memorable Memorials.
First Blood, Drugstore Cowboy, The Terminator,
  Blade Runner—everything on video and
   DVD forever.
To go the distance is not to close the distance.
It's an inside/outside problem.

Once, after the war he shot his gun into a pond,
the dead fish soon rose to the surface.
I could see that he could see it, but that's all I could see.
Not another one of his fish stories; he told me once and never
  mentioned the fish, pond, or gun again.

Trois doigts indéchiffrables s'appuient légèrement contre le verre,
              l'obscurité, la feuille.
Que deviennent une main à une fenêtre,
les ombres projetées par une lanterne magique, un simple feu ?
Perdant la trace d'images, perdant la trace de gens —
le destin secret de la télévision numérique sur une télévision numérique.

Le film expérimental *Walt Whitman infirmier et poète*,
il est pas mal ; on a apprécié la série d'oiseaux.
Les notes sourdes et sans mélodie du coulicou à bec jaune,
comme le *quoi, quoi* d'un jeune ouaouaron répété huit ou dix fois
              de plus en plus vite.
La manière avec laquelle les sons deviennent des mots, et les mots
              conservent les sons et redeviennent du Son.
On a appris que certains des cris et des chants d'oiseaux avaient été recréés
              à partir de descriptions écrites.

Et T (comme moi) aime beaucoup les chats mouchetés et dit souvent :
« Être plus malin, ce n'est pas toujours très malin. »

Posez-vous la question :
Est-ce que le silence doit obligatoirement être une absence de son ?
Moi-même je ne supporte pas l'absence de son.
Hier, trois personnes ont été abattues à un poste de contrôle.
La différence entre une minute de silence
              et dix années de silence.
Un piano solitaire joue et s'immisce dans notre transport quotidien.
Gravillons, bouts de bretzels, un penny par terre. ASPIRATEUR :
              Cinquante *Cents*.
Sonic Youth derrière une autre vitre, glacés.
Ils n'ont pas inventé *la chair comme matière*, mais le nom seulement :
              « Études sur les adaptations ».
La lumière qui passe par la fenêtre peinte
fait maintenant partie des notes sur la feuille : rose et impeccable
ici et *maintenant* et *là-bas*, *séance tenante*.
Suivez les traces des pneus, la fuite d'essence sur la moquette,
              appelez-les des « reliques ».
Elle parlait avec emphase : « Je saute les citations, je ne les lis pas ».
Une affirmation qui manifestement lui procurait un grand plaisir.
C'était il y a des années, d'où les blancs, d'où l'espace.

Traduction de Yan Brailowsky.

Three inscrutable fingers rest gently against the glass,
        the darkness, the page.
What becomes of a hand in a window,
the shadows cast by a magic lantern, a simple fire?
Losing track of images, losing track of people—
the secret destiny of HDTV on HDTV.

The experimental film *Walt Whitman Nurse and Poet*,
it's not bad; we enjoyed the catalogue of birds.
The dull and unmusical notes of the Yellow-billed Cuckoo,
like the *cow, cow* of a young bull-frog repeated eight or ten times
        with increasing rapidity.
The way sounds become words, and words
        can store their sounds, and return back to Sound.
As we learned, some of the birdcalls and songs were recreated
        from written descriptions.

And T (like me) adores the tabby and often says,
"It's not always better to know better."

Ask yourself this question:
Does silence have to mean a lack of sound?
I hate the lack of sound myself.
Yesterday, three people were shot at a check-point.
The difference between a moment of silence
        and a decade of silence.
A lone piano plays into our daily commute.
Gravel, pretzel bits, a penny on the floor. VACUUM:
        Fifty Cents.
Sonic Youth behind another pane of glass, glazed.
They didn't invent *flesh as material*, only the name:
        "Adaptation Studies."
The light through the painted window
becomes part of the notes on the page: pink and perfect
in the *here* and *now* of the *there* and *then*.
Trace the tire marks, the fuel leak on the carpet,
        call them "relics."
She was emphatic: "I don't read the quotes, I skip them."
A statement which clearly gave her a lot of satisfaction.
This was years ago, hence the spaces, hence the space.

Ray DiPalma

Poème

Fonctions et minima
sont alliés du recours et de la routine
mais ne possèdent ni ne produisent préséance pour chair et sang

l'estime ordinaire est celle qui voyage le mieux
la cupidité bien tournée d'un équilibre rectifié
forgée par-dessus la bonne affaire

le transgressif dans la nature entretient une urgence
extraite des marges de contradictions oubliées
et des parties du monde mal orchestrées qu'elles perpétuent

un lieu commun de gros amusement où l'esprit sacrilège manque
toute inventivité de réaction trahie par la colère
soumise à un effleurement

le monde fabriqué qui s'élève intact impartial et indolent
tire davantage de maintien du rictus suffisant que du regard stoïque
rivé sur le maigre changement que le symbole entendait toujours dissimuler

ce qui n'a jamais été dit on ne peut jamais le répéter
ce qui n'a jamais été dit on peut toujours le répéter

Traduction de Vincent Dussol.

Ray DiPalma

Poem

Functions and minima
are allies of recourse and habit
but neither possess nor render precedent for flesh and blood

the standard reckoning is the one that travels best
the well spoken greed of the straightened balance
contrived beyond the bargain

what is transgressive in nature maintains an urgency
extracted from the margins of forgotten contradictions
and the poorly orchestrated parts of the world they perpetuate

a commonplace of coarse amusement lacking profane wit
any resourcefulness of response betrayed by the anger
brought to the lightest touch

the made world that rises up intact impartial and idle
pulls more demeanor from the smirk than the unflinching eye
staring at the meager change the symbol never meant be known

what has never been said can never be repeated
what has never been said can always be repeated

Brandon Downing

Sonnet naturel

Voilà… Je suis ces trains! Je suis étoiles, camions, forme de charges électriques!
Je suis immédiat! Tu es un Géant. Alors, tu te décides maintenant à m'aimer
Je me confonds avec toutes les routes de campagne. Oui, j'ai disparu. J'étais sous
    toi. Je suis sirènes
Et toujours je tendrai vers. Verrai moi-même l'argent de tous…
Mais je suis, aussi, ces pavillons chauffés au gaz, la lumière sanglante du soleil. Je
    circule
Entre tonnerre et ruisseau. Veux m'éloigner. C'est triste! Mais jamais je ne m'agenouillerai
    devant faune et flore.
Ma respiration est coupée! Nos estomacs fondent les récoltes livides. Toi, fourbe,
    faisant partie de cerfs-volants
Et d'équipes flasques! Mon histoire rejoint un hall de pneus vertigineux, et vice
    versa…
Je suis amer et gelé, recoin encombré. L'accès de février à la mer.
Et jamais je ne m'agenouillerai devant faune et flore. Même si je suis brûlé vif
    et jeté
Dans les mines pour y pleurer comme un clown, je demeure dans de nombreuses
    images,
Alors que nous augmentons joyeusement, mes yeux atterrés et fascinés par le temps,
Je veux être plus jeune que toi, à jamais
Mais jamais je ne m'agenouillerai devant faune et flore, jamais je ne m'agenouillerai
    devant faune et flore.

Traduction d'Anne-Lise Brossard.

Brandon Downing

Natural Sonnet

Now... I *am* these trains! I am stars and trucks, the shape of charges!
I am immediate! You are a Giant. So now you decide to love me
I am the entire country road. Yes, I vanished. I was below you. Am the sirens
And I will always reach. See everybody's money with my eyes...
But I am, I am also, those gas pavilions, the gory sunlight. I circle
Between thunder and creek. Want to move away. Sad! But I will kneel before no
    wildlife.
My breath's shot. Our stomachs melt the livid crops. You wicked, part of kites
And flaccid teams! My history flies to a hall of mountainous tires, and vice
    versa...
I am bitterness and freezing, encumbered corner. February's entrance to the sea.
And I will kneel before no wildlife. Though I be burned, and dropped
Down into the mines to weep like a clown, I remain in many pictures,
As we happily increment, my stunned eyes attached to weather,
I want to be younger than you, forever
But I will kneel before no wildlife, I will kneel before no wildlife.

Marcella Durand

Changement d'échelle

Changement d'échelle de bleu-vert éclatant au fil du temps à jaune-vert en parcourant
    vert jaune à plus petite échelle feuilles à l'intérieur autres feuilles en parcourant
teinte bleutée se propageant jusqu'à vert jaune au fil du temps en traversant observez
    chiffrage rouge or à partir de vert jaune et de vert plus sombre chiffres observez
viorne vive à travers étendue spectre optique en parcourant géographie observez
    viorne et pin vert sombre vivace comme tache dans blanc, couleur sur gris
changeant au fil du temps de début de saison vert bleuté petit et transparent se déployant
    réduisant en échelle au fil de chaleur se dilatant vert bleuté à vert plus sombre se déployant
observez pin vert sombre plus fourni et fané s'étend en parcourant géographie
    au plus fort de saison plus pleinement fanée et teinte tirant sur jaune en observant par coloration
teinte tirant sur jaune se préparant pour rouge or or et chênes bruns comme eau en lisières
    changement en parcourant géographie ou temps comme saison change rouge or ou jaune brun
spectre échelle teintes visible à travers étendue comme parcours de saison change rouge, brun, chêne
    de bleu-vert se déployant parcours au fil de saison fanant et chiffre rouge-or
et sur sol presque de mauve violet teinté saison bleutée sombre arrive géographie sève change
    sève change de plein en été fanant étouffant et sève ralentit
cercles bois se dilatent et système circulatoire bois chiffre rouge-or sève ralentit
    parcourant géographie comme en notre parcours de teintes jaunes qui changent
se déploient dans or, vert, sur blanc, gris comme géographie saison change
    comme spectre optique observez par déplacement géographie temps brun comme eau limite
jaune encercle et comme eau jaune dans directions or codées et eau ralentit en saison
    comme saison ralentit eau et jaune-or encercle et observez comme nous sommes encerclés
comme nous sombrons dans chiffrage jaune-or, rouge-or, brun et vert sombre sur blanc, gris
    en parcourant spectre dans directions or chêne viorne pin vert sombre sur blanc, gris
et noir indiquant parcours observation tracé parcours observant sur noir sur couleur spectre rouge or
    chiffré, vert clair bleuâtre se déployant à travers spectre temps parcours sur noir chiffré rouge-or chêne
viorne vive comme parcours de vert clair bleuâtre se déployant dans rouge-or, bruns, chêne, pins
    et vifs sur blanc, gris nous sommes submergés dans parcours spectre en observant or, vert
au fil changements saisonniers temps géographie vifs nous sommes submergés dans spectre encerclés chiffrés rouge-or
    dans de telles couleurs, vifs sur noir, blanc, gris, nous sombrons observant comme en notre parcours

Traduction d'Éric Athenot.

Marcella Durand

Scale Shift

Scale shift from bright blue-green through time to yellow-green as travel through
    yellow green as farther in scale leaves inside other leaves as travel through
from bluish tinge spreading to yellow green through time as going through observe
    coding red gold from yellow green and darker green codes observe
viburnum vivid across range optical spectrum as travel through geography and observe
    viburnum and pine dark green evergreen as spot in white, color against gray
shifting through time from start of season bluish green small and transparent unfurling
    going down scale through heat expansion bluish green to darker green unfurling
observe pine dark green fuller and wilted grows larger as travel through geography
    in full of season fuller wilted and yellowish tinge as observing through tinting
yellowish tinge in preparing for red gold gold and oaks brown as water in limits
    change as travel through geography or time as season changes red gold or brown yellow
tinge scale spectrum visible across range as travel through season changes red, brown, oak
    from blue-green unfurling travel through wilting season red-gold coding
and on ground almost purple violet tinged dark bluish season coming geography sap changes
    sap changes from full on to wilting summer heated and sap slows down
wooden rings expand & wooden circulatory system red-gold coding sap slows down
    as travel through geography as we would travel through yellow tinges changing
unfurling into gold, green, against white, gray as geography season changes
    as optical spectrum observe through travel geography time brown as water limits
as yellow surrounds and like water yellow in directions gold coded and water slows in season
    as season slows water and yellow-gold surrounding and observe as we are surrounded
as we are submerged in coding yellow-gold, red-gold, browns and dark green against white, gray
    as travel through spectrum in directions gold oak viburnum pine dark green against white, gray
and black indicating travel observation delination travel observing on black against color spectrum red gold
    coded, bluish light green unfurling through spectrum time travel on black coded red-gold oak
viburnum vivid as travel through bluish light green unfurling into red-gold, browns, oak, pines
    as vivid against white, gray we are submerged in spectrum travel observing gold, green
through season changes vivid geography time we are submerged in spectrum surrounded coded red-gold
    in such colors, vivid against black, white, gray, we submerge observing as we would travel

Chris Edgar

Retour au manuel de l'éclaireur

Une fois que la figure eut parlé, la leçon de choses
Demeura inerte, facile à distinguer mais pas
Par temps brumeux, ils ne la virent pas,
Croissant à mordant échappant à toute reconnaissance,
Camouflage si l'on veut, mais au sens le plus lâche du terme,
Lysimaque en exubérante profusion sur la berme,
Produit de quelque chose qu'on aurait pu faire
Si l'on arrivait seulement à s'en souvenir. Quelques instants jaloux
S'écoulent avant qu'un flot de pluie ne vienne tout emporter,
Y compris le sentiment de ce qui se trouvait là
Et la capacité inconsciente de tout renouveler
En recourant aux éléments qui l'entourent.
A cet instant tout pourrait disparaître,
Plantes, oiseaux, reptiles, insectes, mammifères,
Roches et étoiles, tous se construisent des nichoirs,
Enseignent l'art de la traque, se nourrissent de produits sauvages,
Élaguent des arbres, construisent un simple pont pliant,
Contrôlent sols et eaux,
Plongent sans compas pour attraper des pommes.
Quant à toi, qui aurait pu savoir
Qu'en ne te guidant que sur le soleil et les étoiles,
Sans la moindre coupure ni la moindre ecchymose, privé du Grand Élan Final,
Tu ne dévierais pas de ton chemin et ferais si superbement le boulot,
Surtout ces dernières haies qui n'étaient pour toi
Que jeux de piste, ton habile mise en pratique des techniques du pied de velours
Pour ton ultime contribution à la célèbre Bonne Action mondiale.
Alors, félicitations, vieux frère, tu as remporté
La journée de chasse à l'enfant perdu ou au chasseur égaré.
C'est à toi que reviennent les dépouilles, pas grand-chose, mais voilà :
Fleurs précoces, sports nautiques, bourgeons gonflés,
Traces de mammifères, premiers oiseaux, traces de vie dans la nature en général—
La fête aux pastèques, le chouette partage des épis de maïs grillé,
Des feux pour compléter ta technique affûtée de la hache,
Tes modèles de chevalet, de scie, de treuil,
Et de feux. Tu peux à présent colorier
Chaque cercle qui représente
Chaque objectif atteint.

Traduction de Marc Chénetier.

Chris Edgar

Return to Woodslore

Once the figure had spoken, the object lesson
Lay motionless, easily discerned though not
In hazy weather, they failed to see it,
A mordent crescent escaping recognition,
Camouflage only in the loosest sense,
Loosestrife by the roadside run riot,
Product of something one might have done
If one could only remember. A few jealous moments
Pass before the rain washes everything away,
Along with the sense of what had been there
And the unwitting ability to renew things
With those elements that surround them.
In that moment everything could disappear,
Plants, birds, reptiles, insects, mammals,
Rocks, and stars all build nesting boxes,
Teach stalking techniques, eat wild foods,
Prune trees, build a single scissors bridge,
Practice soil and water control,
Duck for apples without a compass.
And for your part who would have known
That with only sun and stars to guide you,
With no cuts and bruises and minus the Big Push,
You would stay the course and do such a bang-up job,
Especially those final hurdles that were to you no more
Than wide games, and your deft use of tenderfoot skills
While rounding the famous world-wide Good Turn.
So congratulations old chum you won
The all-day lost child or lost hunter hike.
The spoils such as they are are all yours:
Early flowers, water sports, swelling buds
Mammal signs, first birds, signs of natural life in general—
The watermelon party, the homey corn roast,
Fires to complement your keen axemanship,
Your model saw buck, bucksaw, windlass,
And firelays. You may now color in
Each circle standing in
For each goal achieved.

Clayton Eshleman

Abri du Cro-Magnon

Les morts font la queue pour toucher leur salaire atmosphérique,
je me tiens parmi eux, fantôme mauve,
mon dîner de la veille une poche de nourriture
qu'ils lorgnent de leurs orbites vides tandis qu'ils s'assemblent,
qu'ils jacassent et recouvrent l'usage de leur voix à mesure que ne les engravillonne
ce gruau : *god wot cud lor*, entends-je,
cord loot mor torn, soutra en marche de sons objets,
au Niveau I, quelque chose bouge encore :
est-ce l'infernal intervalle calambourbé vers lequel
tend la poésie du xxᵉ siècle ?
« Parle pour toi », injonction inévitable et sinistre.
Face à une telle accumulation de faits, je lâche
la main de Whitman, « les angoisses sont l'un de mes vêtements de
rechange »... même après Auschwitz ?
« Cet homme, c'est moi... J'ai souffert... J'y étais... »
La voix autour de laquelle s'agrège *Feuilles d'herbe* croit toujours
à l'immortalité, l'herbe poussera
éternellement sur les crânes des mères chenues
malgré les pyramides de membres amputés pendant la guerre de Sécession.
Au même moment où Lascaux « sort de terre » en 1940,
la fumée de Belsen s'élève à l'horizon, presque au même endroit.
Viennent ensuite Dresde et Hiroshima... « nous aurions perdu un
million de nos gars si nous avions tenté d'envahir le Japon par la terre »
—à qui cette voix ? exprimant quelle espèce de compassion ?
(en tout cas, pas celle de Whitman). Voix qui ne croit plus
à la fraternité des armes (pour Whitman,
le sang versé à la lutte est un des effets de la fraternité).
C'est la pensée nucléaire, qui s'adresse à nous du haut d'un nuage !

« Siècle, Ô siècles des nuées ! »
Siècles des Trous Noirs

Abri du Cro-Magnon
Abri du Grand Trou

...qui a enfin atteint sa majorité, sans cesse retardée,
Je traduis : Homme du Grand Trou.

[*Hôtel Cro-Magnon, juin 1987*]

Traduction d'Éric Athenot.

Clayton Eshleman

Abri du Cro-Magnon

The dead line up to collect their atmospheric wages,
I stand among them, a mauve ghost,
last night's supper a pouch of nutriment
their sockets search as they assemble
clacking and coming back into sound as this gruel
engravels them: *god wot cud lor* I hear,
cord loot mor torn,   sutra march of thing sounds,
at Level I something is still alive—
is this the limbic pun-crawled division into which
20th century poetry suspends itself?
"Speak for yourself"   the necessary, baleful command.
Faced with so much story, I release my grip
from Whitman's hand,   "agonies are one of my changes of
garments"—in the face of Auschwitz?
"I am the man… I suffered… I was there…"
The voice coalescing *Leaves of Grass* is still
convinced of perpetuity,   the grass will grow
forever from the skulls of white-haired mothers
regardless the Civil War pyramids of amputated limbs.
As Lascaux "emerges" in 1940,
Belsen begins to smoke on nearly the same horizon.
Then Dresden, Hiroshima…   "we would have lost one
million boys had we attempted a land invasion of Japan"
—whose voice? of what species of compassion?
(surely not Whitman's)   A voice that no longer
believes in martial brotherhood (for Whitman,
arm-locked gore is one of the fraternal changes).
It is the nuclear mind, addressing us from a cloud!

"Century O century of clouds"
Century of Black Holes

Abri du Cro-Magnon
Big Hole Shelter

—come of chronically-belated age at last,
I translate as: Big Hole Man.

[*Hotel Cro-Magnon, June 1987*]

Mark Ford

Six enfants

> «Bien que célibataire, j'ai eu six enfants»
> *Walt Whitman*

La première femme à qui j'ai donné un enfant portait une cotonnade
En Caroline. Elle sarclait les pois; comme la brise langoureuse
J'ai effleuré ses reins, jusqu'à ce qu'elle abandonne sa houe dans le sillon.

La seconde bravait les mers tumultueuses qui entourent
Cette île en forme de poisson; lorsqu'un raz de vague soudain l'arracha
A mes embrassades, elle avait déjà connu la pleine puissance de Paumanok.

J'ai assailli une matrone – ou peut-être est-ce *elle*
Qui *m*'a coincé? – dans un tramway vibrant, branlant,
Et bringuebalant de Battery Park à Washington Heights et retour.

Ô Pocahontas! Tu mourus sous le nom de Rebecca Rolfe, et tu gis
A Gravesend. Ta lointaine descendante, le ventre gros,
tendu comme un tambour, évite mon regard et celui des autres hommes.

Pendant que ma glorieuse diva projette son âme extatique vers les dieux,
Je médite assis à l'orchestre comme une colombe: sa voix éclaire
et rend fertile tout ce qu'il y a d'ample, de sombre et d'épouvantable en moi.

Un jour, tous réunis, nous marcherons sur la route dégagée, promenant
Dans un immense landau mon sixième enfant, ce soldat éreinté, moustachu
Dont je bande les plaies chaque nuit. De sa mère aucun souvenir.

Traduction de Vincent Broqua.

Mark Ford

Six Children

"Though unmarried I have had six children"
Walt Whitman

The first woman I ever got with child wore calico
In Carolina. She was hoeing beans; as a languorous breeze
I caressed her loins, until her hoe lay abandoned in the furrow.

The second was braving the tumultuous seas that encircle
This fish-shaped isle; by the time a sudden rip-tide tore
Her from my grasp, she had known the full power of Paumanok.

One matron I waylaid - or was it *she* who waylaid
Me? - on a tram that shook and rattled and
Rang from Battery Park to Washington Heights and back.

O Pocahontas! You died as Rebecca Rolfe, and are buried
In Gravesend. Your distant descendant, her swollen belly
Taut as a drum, avoids my eye, and that of other men-folk.

While my glorious diva hurls her enraptured soul to the gods,
I sit, dove-like, brooding in the stalls: what in me is vast,
Dark and abysmal, her voice illumines and makes pregnant.

Some day, all together, we will stride the open road, wheeling
In an outsized pram my sixth, this broken, mustachioed
Soldier whose wounds I bind up nightly. His mother I forget.

Peter Gizzi

À n'écrire dans nul autre pays

Voici venue l'heure où le billet à gratter
meurtrit les souhaits secrets des mères célibataires,
où la nuit est suffisante pour le retraité
et son «gaillard» dans la lumière de la télé.
Si nous devions répondre aux oies là-haut dans le ciel
trouverions-nous jamais un domicile
perdus que nous sommes au rayon enfants de Wal-Mart?
Jeune homme, Grant s'étonnait-il
de ce qu'il deviendrait à la fois poivrot
et président et mourrait comme Melville, oublié,
enseveli sous l'ambition et la culpabilité.
C'est une triste journée pour le sondeur d'opinion et le corps électoral
pour les pages moisies d'un faiseur de pansements.
Et quand et chaque fois que les samedis d'antan
d'adolescents sur du Kodak pâli
entrent dans le discours des politiques
sache que tu n'es pas seul et que ton album
suffira dans ce blabla sur des résolutions
et ce que tu comptes faire subir ce week-end
au garage et à la véranda.

Traduction de Vincent Dussol.

Peter Gizzi

To Be Written in No Other Country

Now it is time for the scratch ticket
to bruise the inner wishes of single moms,
for night to be enough for the pensioner
and his "buster" in TV light.
If we were to answer the geese overhead
would we ever find a home
lost as we are in the kiddy section of Wal-Mart?
As a youth did Grant wonder
that he would become both a drunk
and president and die like Melville, forgotten,
buried under ambition and guilt.
It is a sorry day for the pollster and body electorate
for the mildewed pages of a wound dresser.
And when and whenever past Saturdays
of adolescents in faded Kodak
enter the discourse of politicians
know you are not alone and your scrapbook
will be enough in talk of resolutions
and what you plan to do this weekend
to the garage and to the porch.

Jorie Graham

Prière de bord de mer au crépuscule

La ligne du rivage qui peu à peu se révèle.

Les bords ombrés à motif cachemire écrivent des crêtes de vagues qui suivent

une pente

à peine inclinée, le soleil qui fait de chaque

ligne de vagues qui recule

en pellicule, chute en avant dorée et translucide,

des phrases dorées inscrites sur les eaux limpides, mouvantes,

mouvement de leur absence de sens sur (pas *dans*) le mouvement des

eaux

(qui se sent tiraillée) (les rangées d'écriture

[même si c'est une astuce] décidées à

se dérouler par elles-mêmes) (vouloir d'un œil apercevoir et retenir

l'ensemble à jamais, sentir la corde des plus épaisses des

lèvres d'eau,

l'écriture,

être la production d'une chose qui parle [à qui

on l'ignore, mais un discours vrai]) — d'y croire vraiment,

pas au figuré —

Jorie Graham

Dusk Shore Prayer

The creeping revelation of shoreline.

The under-shadowed paisleys scripting wave-edge down-

                                            slope

on the barest inclination, sun making of each

                        milelong wave-retreat

a golden translucent forward downgoing,

golden sentences writ on clearest moving waters,

moving their meaninglessness on (not *in*) the moving of the

                                            waters

(which feels tugged)(the rows of scripting

            [even though it's a trick] adamant with

self-unfolding)(wanting the eye to catch and take

dominant final-hold, feel the thickest rope of

                                    waterlipped

                                    scripting

to be a producing of a thing that speaks [to whom

one does not know, but a true speech]) – to believe this truly,

                        not in metaphor –

de le mettre dans le blanc où l'on *voit*,

puis dans le blanc où l'on *est*,

séparer *Je suis* de *Je suis étant* de *Je suis*

autre. Et ne pas vouloir *être*. Et ne jamais être

vidée par la blessure du sens.

La déchirure de ressemblance. L'interprétation qui laisse pantois.

Épelée du monde vivant. L'esprit éveillé par

cette vue. Alors que le soleil se couche. Jusqu'à ce qu'il scintille

dans la minuscule obscurité, et la volonté de l'homme touche à la fin.

Le voir disparaître avant que le regard ne disparaisse. L'été

derrière nous. Le chemin du retour à peine retraçable.

Traduction de Yan Brailowsky.

to put it in the blank in which one *sees*,

and then into the blank in which one *is*,

to separate *I am* from *I have being* from *I am*

apart. And not to want to *be*. And never to be

emptied by the wound of meaning.

The gash of likeness. The stump interpretation.

Spelled from the living world. Grown sharper by

this sighting. As sun goes down. Until it glimmers in

the tiny darkness and the human will comes to the end.

Having it go before one's looking goes. The summer

at one's back. The path back barely findable.

Michael Heller

Sag Harbor, Whitman, comme pour une ode

I.

Alors encore, vouloir dire–comme à la dérive sur ce monde–
que l'on pense à Sagaponak, à Paumanok, «ses rives grises et bruissantes»,

Se souvenir du soleil du soir brossant d'une pellicule d'or pâle
les fantômes à plumes du héron bleu et de la sterne, de la même lueur

qui au creux des sillons codés mène à l'eau de la baie. Et la nuit,
griffer sa propre marque dans le sable, une bioluminescence sous le pas

notre jeu de signaux, comme la chaleur des corps également
signalait le moment d'aller l'un à l'autre dans la maison d'amis enfouie

dans le parfum secret du moût et de la treille. Comme pour, encore, être
comme les tombes moussues qui, même si elles gisent sous des bourgeons nouveaux,

sont usées, couvertes de lichen, gravées de lettres et de chiffres,
piégées, tels, dans les caractères des légendes de musée, *fondoirs* et *scrimshaws*[1].

Alors, comme les chasseurs de baleines, dont les journaux racontent la perdition
au monde dans les vagues marines, nous trouver dans le labyrinthe des paroles là

où le neuf est presque jargon et nous parlons des linteaux d'une maison
restaurés ou de dieux qui orchestrent leur retour aux premières feuilles ou bien là

où le pollen dérive sur l'eau en rideaux iridescents.

[1] NdT : Sculpture sur os ou ivoire pratiquée par les marins, notamment sur les baleiniers.

Michael Heller

Sag Harbor, Whitman, As If an Ode

I.

And so again, to want to speak—as though floating on this world—
thoughts of Sagaponak, of Paumanok, "its shore gray and rustling,"

To remember late sun burnishing with a pale gold film
the feathery ghosts of blue heron and tern, of that same light

furrowed in the glyphed tracks to bay water. And at night,
to scrape one's own marks in sand, a bio-luminescence underfoot

by which we playfully signaled, as the heat of bodies also
was a signal to turn to each other in the guest house buried

in deep sunk must and trellised scents. As though, again, to be
as with mossed graves which, even as they lie under new buds,

are worn and lichened, chiselled over with letter and number,
entrapped, as in the scripts of museum words, *trypots* and *scrims*.

And so, like whalers, whose diaries record a lostness to the world
in the sea's waves, to find ourselves in talk's labyrinth where

the new is almost jargon, and we speak of lintels of a house
restored or of gods who stage their return at new leaf or where

pollen floats on water in iridescent sheens.

II.

Mais aussi maintenant, percevoir l'esprit écartelé par les défaites du langage,
Bosnie, Rwanda, tout lieu où la parole humaine cède sous les coups de poignard.

Et ne pouvoir regarder vers la mer, comme vers un possible liquide
qui éroderait l'infernal rocher de l'histoire suspendu

au-dessus de la vague comme au-dessus du temps. Étranges rivages
qui fourmillent de vie marine, de crabes et d'hirondelles de mer. Étrange

de marcher et de nommer–content de cette éphémère affluence.
Et ainsi retrouver le printemps vibrant qui cogne contre

les vieux dictons, les vieux silences, l'éveil aux fables où
des abeilles nouvelles s'envolent, spontanément nées du creux de l'arbre,

entendre encore le latin des oiseaux de retour qui redonne vie
à la curiosité et au souvenir, comme si l'oreille devait nous emporter par-delà

les frontières de l'espoir, avec ces mots en mémoire : *Maintenant, je ne ferai plus
qu'écouter !*

Traduction d'Hélène Aji.

64

II.

But also now, to sense mind harrowed in defeats of language,
Bosnia, Rwanda, wherever human speech goes under a knife.

And to be unable to look to the sea, as to some watery possibility
which would break down the hellish rock of history that rides

above wave height as above time. Strange then, these littorals
teeming with sea life, with crab and ocean swallow. Strange then,

to walk and to name— glad of that momentary affluence.
And so to find again the vibratory spring that beats against

old voicings, old silences, this waking to those fables where
new bees fly up, birthed spontaneously from the log's hollow,

to hear again the latinate of returning birds keeping alive
curiosity and memory, as if the ear were to carry us across hope's

boundary, remembering the words: *Now, I will do nothing but listen!*

Fanny Howe

Histoire de cheval

Les flancs du cheval sont luisants.
Ils sont oreilles et viande tout à la fois
Ils écoutent la musique
Des voix humaines, des feuilles et sursautent.

Sodomise-les, crie la foule des corps.
Appelle la diligence du pénis
Et le clitoris charnel, crie le reste.
Dans la musique il reste du repos.

Pourquoi Dieu nous a-t-il abandonnés, n'est-ce pas évident ?
Y a-t-il rien de plus clair qu'une loi.

Le ciment dans un jardin public en mai
Avec celui qui te trahit les cerises

En fleurs s'étalèrent crémeuses
En travers de ses genoux.

J'aimais jusqu'à chaque cheveu.

La musique se compose de noires.

Elle leva les bras pour secouer l'arbre
Et les fragments flottèrent vers la page.

****

Les flancs carnés je les chante.
Je descendrai avec la polis.

Laissez la police m'embarquer.

Fanny Howe

Horse Story

The horses' flanks are shiny.
They are ears even as they are meat.
They listen to the music
Of human voices and leaves and twitch.

Sodomize them, the crowd of bodies cries.
Call on the diligence of the penis
And carnal clitoris, cry the rest.
In music there is rest.

Why did God leave us, isn't it obvious?
What could be clearer than a law.

Cement in a city park in May
With your betrayer the cherry

Blossoms smeared creamily
Across his knees.

I even loved each hair.

Music is made of quarter notes.

She reached up and shook the tree
And the fragments floated to the page.

****

Of meaty flanks I sing.
I will go down with the polis.

Let the police drag me away.

Débarrasse-toi de ces tickets,
Va au spectacle.

Je savais que tout était à l'envers
Je n'avais pas besoin qu'on me dise
Tu étais là-bas, John, ou ici écoute
Tous ces bruits de cafétéria
Dans la lumière que je suis,
Circulant avec un stylo.
La loi était en moi.

****

Maîtresse se pencha et amenda
Mon histoire sur le cheval jaune
Au bout de la route
Tourné dans ma direction
Et couvert de brume argentée.
Elle dit qu'il n'y avait jamais eu de brume
Dans cette partie de la ville et je ne répondis rien
Même si j'étais celle qui partit là-bas.

Traduction de Claire Guillot.

Get rid of those tickets,
Go to the show.

I knew everything was backwards
I didn't need to be told
You were out there, John, or hear
All those cafeteria sounds
In the light that I am,
Turning around on a pencil.
The law was in me.

****

Teacher leaned forward and amended
My story about the yellow horse
At the bottom of the road
Facing up to where I stood
And coated in silver fog.
She said there was never any fog
In that part of town and I said nothing
Though I was the one who went there.

Susan Howe

Extrait de *Kidnapped*

Tout cela et tout cela

Écoute écoute arpente tout ce-

la mer regardes-tu la mer

vent glacé dardant en flèche

dois-je craindre les vagues ou

est-ce la mémoire berceau berceau

Toi engoulevent chanson si

native de ma propre libre

Traduction d'Olivier Brossard.

Susan Howe

From *Kidnapped*

All that is and all that is

Listen listen map all that

sea are you looking at sea

Goading ice wind arrowly

am I to fear the waves or

is memory cradle cradle

Whippoorwill you song so

native to my own freely

Robert Kelly

Pour Walt Whitman, habitant de ma ville, cette imprégnation de son plus délicieux poème

Quand je voulus apprendre dans quelles circonstances survient la poésie
et le bien qu'elle peut apporter aux villes, ces forceries de la Mort,
ou sur les champs de massacre de l'armée, *j'entendis* une voix
qui me demeurait de l'enfance
du temps que je croyais encore vrai *le savant* bagage alors acquis
et que je voulais devenir *astronome,* alchimiste,
pour exiger d'amis au ciel qu'ils vinssent me rejoindre,
quand ardemment je souhaitai que me fussent révélées *les preuves* de l'amour
par la façon dont se comportaient *les nombres* de ceux qui désirent
lorsqu'ils *furent alignés en colonnes* de femmes et d'hommes *devant moi,*
quand me furent montrés les magnifiques enchevêtrements
de l'ordinaire, des mots sur lesquels trébucher,
comme on peut se noyer dans les cartes, les *courbes* des portulans *et*
escalader les *diagrammes* de la géométrie *pour ajouter, diviser et*
faire tout de bon l'amour avec des anges dont je pouvais tenter de *prendre la mesure*
alors que je les appelais à mon secours,
quand je les vis *assis,* tout en surplomb du monde, et que
j'entendis l'astronome achever son propos, adressé *avec force*
à mon cœur en toute confiance
traitant des animaux éternels qui, là-haut, se repaissent de nos incessantes morts,
nos râles ultimes n'étant pour eux qu'*applaudissements,*
alors que nous chantons leurs louanges *dans la salle de conférences* des cathédrales—

tout à coup, de brutale *façon,* je perdis foi en ma gématrie—
tous ces tours, l'*inexplicable* chimie de la crainte,
les échecs—, *je me sentis* soudain comme un homme ordinaire qui tente de parler,
fourbu et nauséeux, mais dit la vérité ; *sortant bientôt à pas feutrés,* la lune s'éleva
doucement au-dessus de Brooklyn, loin au-dessus
des châteaux d'eau en bois sur les toits de Manhattan, et je les aimais
tant, ces vaillants minarets de la seule vraie religion,
dressés sur chaque toit ! bois ancien, eau ancienne,
je m'éloignai tout seul, au hasard,
dans tout ce qui restait de l'air nocturne humide, ordinaire
et plein de mystère que chacun d'entre nous, femme et homme, pourrait aisément respirer,
respirer et engendrer pour dire la vérité *de temps à autre,*

Robert Kelly

For Walt Whitman, a Townsman of Mine, an Impregnation of His Sweetest Poem

When I wanted to learn when poetry happens
and what good it does in cities, Death's own greenhouses,
or in the army's killing fields, *I heard* a voice
left over from my childhood
when I still believed *the* things I *learn'd*
were true and I wanted to be an *astronomer*, an alchemist,
to summon friends out of the sky who would come to me,
when I hungered for *the proofs* of love
revealed in how *the figures* of desire behaved
who *were ranged in columns* of women and men *before me*,
when I was shown the beautiful entanglements
of the ordinary, words you could trip over,
how you could drown in maps and sea *charts and*
climb up the *diagrams* of geometry *to add, divide and*
actually make love with angels I could try to *measure*
while I tried to make *them* aid me,
when I saw them *sitting* there above the world
and *heard the astronomer where he* busily *lectured*
in my heart *with much* confidence
about the eternal animals aloft that feed on all our dying,
our death rattles sound like *applause* to them,
while we *in the lecture room* of cathedrals praise them –

how soon I lost faith in my gematria,
all the tricks, the *unaccountable* chemistry of fear,
failure, *I became* suddenly just a plain man trying to talk,
tired and sick but telling the truth, *till* the moon was *rising*
and gliding over the rooftops of Brooklyn, *out* over
the wooden water-towers of Manhattan, I loved
them, those stalwart minarets of the only true religion,
on every roof! old wood, old water,
I wander'd off by myself,
in all that was left of *the mystical*, the ordinary *moist*
night-air that all of us, woman *and* man, easy could breathe,
breathe and breed and tell the truth *from time to time,*

je me permis d'être un parmi ceux qui m'entouraient,
me permis de toucher et d'être touché, et si j'avais un mot
je vous le donnai, à vous tous qui m'entouriez, tous ceux qui, *levant les yeux,*
me voyaient debout devant eux, débagoulant
et crachotant mes poésies, l'air d'avoir quelque chose
de prodigieux à leur dire, un mot qui dît *parfaitement*
les épousailles qui les unissaient à mon moi ou à mes mois,
à qui que je crusse être en cet instant,
mais au lieu de me prêter l'oreille ils se détournaient, *silencieux,*
me souriaient, touchaient d'un doigt léger ma main ou bien ma lèvre,
et pointant tendrement leur bras tendu *vers* les hauts,
me disaient Frère, Amant, ce ne sont là que *les étoiles.*

14 mars 2005

Note: Quand, en 1950, j'entendis Norbert Wiener donner une conférence sur la cybernétique et la capacité qu'a l'intelligence humaine de tout transcender, l'entendis parler dans les locaux mêmes de la Société Philosophique de Brooklyn où Whitman avait entendu lui-même parler le savant astronome en 1865, la dernière année de la Guerre, je compris qu'il me faudrait faire quelque chose du poème de Whitman que je venais de découvrir, quelque chose du fait d'être ressorti de cette conférence, de m'être retrouvé dans le monde des humains, de m'être retrouvé parmi les étoiles. Je remercie Olivier Brossard de m'avoir enjoint de remplir une obligation que je négligeais depuis un demi-siècle.

Le présent texte entraîne des mots qui sont les miens, pour donner voix à mes propres confusions, dans le texte de Whitman, sans changer le moins du monde l'ordre de ses mots (ici composés en italiques). Le lecteur est libre de rejeter tous mes mots ; à qui le fera, il restera le texte de Whitman dans toute sa pureté, toute sa fraîcheur.

Traduction de Marc Chénetier.

I let myself be one among the ones around me,
let myself touch and be touched, and if I had a word
I gave it to you, you all around me, the ones who *look'd up*
and saw me standing in front of them, gibbering
and spouting my poesy, seeming to have something
of portent to tell them, some word that was *in perfect*
marriage between them and myself or myselves,
whoever I thought myself to be at that moment,
but instead of hearkening they would turn in *silence*
and smile *at* me and touch me lightly on the lip or the hand
and with their whole arm point tenderly upwards
saying Brother, Lover, those are just *the stars.*

14 March 2005

Note: When in 1950 I heard Norbert Wiener lecture on cybernetics and the transcendence of human intelligence, heard him in the very precincts of the Brooklyn Philosophical Society where Whitman had heard the learned astronomer in 1865, last year of the War, I knew I had to deal with Whitman's poem I had just gotten to know, deal with coming out from the lecture, coming out into the world of the human, coming out into the stars. I thank Olivier Brossard for summoning me to fulfil an obligation I had left neglected for half a century.
The present text inveigles words of my own, to say my own confusions, into Whitman's text, without changing at all the order of his words (printed here in italics). The reader is free to discard all my words, and readers who do so will be left with the pure Whitman text, fresh as ever.

Lisa Lubasch

Oratorio

*

Si je déclare voilà ce dont j'ai à répondre (oserai-je?), les généraux et les jurés vont sortir de leurs celliers (coiffés pour la plupart de leur bonnet mouillé) en criant: «Assez! J'en ai assez entendu!» Insolents pudibonds! Vous enjolivez le passé de vos fades inclinations! Les hommes découvriront des signes avant même d'avoir projeté de lire le coucher du soleil.

*

Ô fleur vide. Génératrice de vie et de temps. Souffre ta tristesse comme les abeilles.

*

Je n'ai aucune patience. Je veux quitter cette vie très vite pour ne pas être coupée par sa

*

Beauté est-elle morte légendaire.   Oiseau délinquant.

*

Lent corbillard, (dérivant) vers le bord. Sous la lumière traînante, (la mort), moindre fantôme.

*

Ne reste-t-il pas le plus mince pilier de raison? La fantaisie est le ver nourricier du cœur.

*

Cher   , cette paresse pitoyable que tu nommes poésie, etcetera. Vas-y, tranche! Le chemin infernal de l'extase jamais
                                        n'octroie.

*

Tuons-nous les uns les autres.

*

Lisa Lubasch

Oratorio

*

If I declare *that* is what I am to answer for (do I dare?), the generals and juries will come out from their wine cellars (most with their wet-caps on) and cry, "That is enough! I have heard enough!" Insolent prudes! Embellishing the past with your pale sympathies! Man will discover signs before he ever has designs to read the sunset.

*

O empty flower. Breeder of life and of time. Suffer up your sadness like the bees.

*

I have no patience. I want to leave this life very quickly in order not to be barbered by its

*

Beauty is it legendary dead.   Delinquent bird.

*

Slow hearse, (drifting) to the shore. Under the trudge-light, (death), the lesser phantom.

*

Does not some slender pole of reason still remain? Fancy is the feed-worm of the heart.

*

Dear   , that pitiful sloth which you call verse, etcetera. Down with the hatchet! The evil path of ecstasy doth never

allow.

*

Let us all murder one another.

*

Il n'y a que ces deux aspects – la raison et l'infini.

*

Ô seule âme censurée. Le temps est le piètre organe du temps.

*

Le veilleur éternel a son charme. *Surtout quand il me dit : « je me sens rejeté par la vie. »*

*

ou « *Personne ne m'attend. Personne.* »

*

Ô vils et subtils cambrioleurs de la nuit.   Toutes ces incantations sont *les miennes !*

*

D'un soleil qui cherche sa proie, puis l'enterre, je dis «Soleil trompeur ! Trottoir implacable ! (*Amour* désert).»

Extrait de De combien augmentez-vous leur nombre ?,
Bordeaux, Format Américain, 2002.
Poèmes traduits par Omar Berrada, Lionel Cuillé, Simone Fattal, Rémy Hourcade,
Ladislas Karsenty et Juliette Valéry lors du séminaire de traduction collective
organisé par Un bureau sur l'Atlantique *et le programme* Langage & Écritures
à la Fondation Royaumont du 19 au 23 janvier 2002.

Il n'y a que ces deux aspects—la raison et l'infini.

*

O single censured soul. Time is the miserable organ of time.

*

The eternal watchman has his charm. Surtout quand il me dit, "je me sens rejeté par la vie."

*

ou   "Personne ne m'attend. Personne."

*

O vile and sophisticated burglars of the night. These are all *my* incantations!

*

Of a sun that searches out its prey, then buries it, I say "Deceptive sunlight! Implacable sidewalk! (Barren amour)."

Eugene Ostashevsky

Prémisses d'herbe

Le Philosophe Rieur bénéficie du
Programme de protection des témoins que rien

Sous sa fenêtre il y a un coq
qui ressemble à une machine à croques

Dans le champ il y a un gros veau
sur sa croupe un corbeau

Le corbeau bat des ailes, croasse arbitrairement
mais le gros veau ne sourit qu'énigmatiquement

Le Philosophe Rieur pense,
Ah, Nature

fille inexistante
de la rhétorique de la cognition

Nous ne pouvons te connaître
Mais voilà tes représentants

muets, les animaux,
de conscientes machines faites

d'acides nucléiques autoreproducteurs
Qu'est-ce que la vie Nature

Comment arrive-t-elle
par accident

Comment se tient-elle
sur ses quatre pattes à elle

Que voit-elle
à travers la moite convexité de son œil

Traduction d'Olivier Brossard.

Eugene Ostashevsky

The Premises of Grass

The Laughing Philosopher has entered
the Witless Relocation Program

Outside his window there's a rooster
that looks like a toaster

In the field there's a cow
on whose rump sits a crow

The crow snaps its wings, caws erratically
but the cow only smiles enigmatically

The Laughing Philosopher thinks,
Ah Nature

nonexistent daughter
of the rhetoric of cognition

We cannot reach you
But there are your representatives

speechless, the animals
conscious machines

of self-replicating nucleic acids
What is life Nature

How does it appear
by accident

How does it stand
on its own four feet

What does it see
out of the moist convexity of its eye

Ron Padgett

Toi l'embrassable

Ça ne me dérange pas que Walt Whitman dise
« Je contiens des multitudes », en fait ça me plaît,
mais tout ce que moi je pourrais dire c'est
« Je contiens un sandwich, du café et une pulsation ».
Peut-être devrais-je ouvrir grand les bras et chanter
« Oh, embrasse tout et serre fort !
Alors les nuages, les livres, le baromètre, les yeux
écarquillés, viennent se fracasser
et me laissent éparpillé sur le sol,
un joyeux méli-mélo de molécules ! »

Traduction de Claire Guillot.

Ron Padgett

Embraceable You

I don't mind Walt Whitman's saying
"I contain multitudes," in fact I like it,
but all I can imagine myself saying is
"I contain a sandwich and some coffee and a throb."
Maybe I should throw my arms out and sing,
"Oh, grab hold of everything and hug tight!
Then clouds, books, barometer, eyes wider
and wider, come crashing through
and leave me shattered on the floor,
a mess of jolly jumping molecules!"

Michael Palmer

San Francisco
23 mars 2005

Cher Walt,

Je dois avouer que je pensais à toi la semaine dernière, assis dans l'appartement de ma fille qui surplombe Fort Greene Park à Brooklyn, sur la rive opposée à Mannahatta. Te souviens-tu encore du temps où tu étais éditeur du Brooklyn Daily Eagle et où tu incitais sans relâche les citoyens de Brooklyn à construire un parc digne de leur jeune métropole, et où tu combattis pour sauver le secteur de Fort Greene de la rapacité sans limites des promoteurs ? Plus tard, il y eut une mobilisation pour honorer les ossements des douze mille « martyrs » de la révolution américaine qui moururent victimes de la famine ou de la maladie à bord des bateaux-prisons britanniques et dont les corps furent enterrés sans cérémonie le long du rivage de Wallabout Bay. Voilà pourquoi le monument aux martyrs des bateaux-prisons s'élève aujourd'hui au sommet du parc.

C'est un peu étrange de considérer ces choses en ce moment précis de notre histoire. Je ne sais pas si tu suis les nouvelles, Walt, mais elles ne sont pas bonnes. L'administration actuelle, un vrai merdier, un tas d'hypocrites et de menteurs bien-pensants, utilise la guerre contre le terrorisme comme prétexte pour démanteler les valeurs et les principes fondamentaux de la république et pour abroger des traités internationaux. À Guantanamo, des prisonniers étrangers sont détenus sans chefs d'accusation et privés de tout accès à une aide juridique. As-tu entendu parler d'Abou Ghraib ? En ce lieu et ailleurs, les prisonniers de notre guerre illégale ont été torturés, ont subi des humiliations sexuelles, ont été battus et tués. Ils ont été arrosés d'urine, soumis à des décharges électriques, noyés jusqu'à l'asphyxie, enfermés nus et cagoulés dans des boîtes et privés de nourriture et de sommeil. Tout cela précisément au nom de la démocratie, de la liberté, des valeurs chrétiennes. Plus de cent mille civils irakiens ont été tués ou mutilés. Sur le plan intérieur, les droits de l'homme et les droits civiques, les droits des femmes et des homosexuels, la protection de l'environnement, les programmes sociaux et la liberté d'expression sont également menacés. C'est pourquoi lorsque Paris appelle à te célébrer (Paris, Walt — je pense que cela t'aurait plu !), je ne peux m'empêcher de penser à ce linceul d'ironie jeté par les événements sur un de tes derniers poèmes, loin d'être un des meilleurs, il faut le reconnaître :

Michael Palmer

San Francisco
March 23, 2005

Dear Walt,

I must confess that I was thinking of you all last week, as I sat in my daughter's apartment overlooking Fort Greene Park in Brooklyn, across the waters from Mannahatta. Do you still remember how, as editor of the Brooklyn Daily Eagle, you entreated the citizens of Brooklyn to build a park worthy of their young metropolis, and fought to save the Fort Greene area from the unbridled greed of developers? Later, there was a movement to honor the bones of the 12,000 or so "martyrs" of the American Revolution, dead of disease and starvation on British prison ships, their bodies interred in shallow graves along the shore of Wallabout Bay. So the Prison Ship Martyrs Monument now stands at the park's highest point.

It's a bit strange to contemplate these things at our present moment in history. I don't know whether you keep abreast of the news, Walt, but it is not good. The current administration, a dungheap of pious hypocrites and liars, has used the pretext of the war against terror to dismantle the founding principles and values of the republic and to abrogate international treaties. At Guantánamo, foreign prisoners are being held without recourse to legal council and without charges. Have you heard of Abu Ghraib? There and at other locations, prisoners of our illegal war have been tortured, sexually humiliated, beaten and killed. They've been urinated on, shocked with electrical devices, submitted to near drowning, locked hooded and naked in boxes and deprived of food and sleep. All specifically in the name of democracy, freedom, Christian values. Over 100,000 Iraqi civilians have been killed or maimed. Domestically, human and civil rights, gay and women's rights, environmental protections, social programs and freedom of expression are equally under assault. And so, as Paris calls to celebrate you (Paris, Walt - I think you'd have liked it!), I cannot help but reflect on the pall of irony now cast by events over one of your late, if admittedly far from best, poems:

Amérique

Centre des filles égales, des fils égaux,
Tous, tous également aimés, élevés ou réduits, jeunes ou vieux,
Forts, vastes, justes, endurants, capables, riches,
Pérennes avec la Terre, avec la Liberté, la Loi, et l'Amour,
Une Mère assise, éminente, droite, magnifique,
Siégeant dans l'airain du Temps.

Bien sûr, un tel lieu n'a jamais existé et n'existera jamais, aussi fort aies-tu tenté de le faire advenir par le poème.

C'est pourquoi nous te saluons à présent aujourd'hui, Walt, et t'envoyons notre amour,

Michael Palmer

Traduction d'Abigail Lang.

America

Centre of equal daughters, equal sons,
All, all alike endear'd, grown, ungrown, young or old,
Strong, ample, fair, enduring, capable, rich,
Perennial with the Earth, with Freedom, Law and Love,
A grand, sane, towering, seated Mother,
Chair'd in the adamant of Time.

Of course, such a place never was or could be, as hard as you tried to make it so by means of the poem.

For which we now salute you, Walt, and send love,

Michael Palmer

Kristin Prevallet

Apostroph

Ô fille! Ô moi!

Ô organismes internationaux!

Ô lilas des montagnes de ma jeunesse!

Ô cordes cosmiques! Ô main d'œuvre à bon marché!

Ô villes tentaculaires ! Ô chaos des dictateurs !

Ô avenir affligeant! Ô âme sœur !

Ô source interne ! Ô longévité !

Ô frayeur ! Ô Dieu par contumace ! Ô norme de la morale.

Ô poètes ! Ô charpentiers barbichus! Ô dormeurs des rues !

Ô ignorance ! Le moineau transi qui donne l'aubade sous la fenêtre ! Même en
    hiver, il est matinal.

Ô tandis que je marche sur les quais, j'aperçois les nuages sombres—les formes
    démoniaques, roses et grises, au soleil couchant…

Ô j'ai vu et vois toujours, tonnerre qui se déclenche. Ô soldats ! Voyez
    comment ils maîtrisent jusqu'au ciel !

Ô mise en garde des animaux, dont nul ne tient compte (réduisez-les au silence,
    avant qu'ils n'apprennent à parler !)

Ô cynisme ! Juste-milieu ! (Ô si le monde entier subit l'injustice, pourquoi ne
    se rebellent-ils pas?)

Ô je ne crois pas un seul instant en la pureté de l'Amérique et de sa liberté !

Ô voir à quel point elle s'est écartée de la Démocratie !

Ô imposteurs ! Usurpateurs! Envahisseurs ! Voleurs ! Quel pouvoir ont acquis
    les fanatiques!

Ô toi qui oses nous représenter, eux et nous !

Ô roi couronné par toi-même! Ô arbres du sud qui portez la marque de nœuds
    coulants, encore et toujours !

Ô occuper par la grâce ! Ô générosité !

Ô nous tous, séparables—temps, temps, temps !

Ô MALHEUR À CELUI QUI VOUDRAIT BRISER CETTE UNION POUR
    QUELQUE RAISON QUE CE SOIT !

Ô malheur, ô massacre, ô vague géante !

Ô torture exportée au plus offrant !

Ô façonneurs de peur, ô alertes à la bombe ! Ô terroriste célèbre !

Ô les banlieues, Ô le ghetto ! Les hommes et femmes pleins de force dilapident
    leur esprit en consommant.

Kristin Prevallet

Apostroph

O daughter! O me!
O international agencies!
O mountain lilacs of my mountainous youth!
O cosmic strings! O cheap labor!
O urban sprawl! O chaos of dictators!
O hopeless future! O soulmate!
O internal source! O longevity!
O fear! O God in absentia! O moral norm.
O poets! O goateed carpenters! O street slumberers!
O ignorance! The cold sparrow's window song! Even in winter, she wakes
    up early.
O, as I walk riverside, I see the darkening clouds— the devilish
    shapes, pink and gray, through the sunset...
O I saw and still see, triggered thunder; O soldiers! See how they
    control even the sky!
O animal warning, unheeded! (Silence them, before they learn to speak!)
O cynicism! Middle ground! (O if the whole world knows injustice, why
    don't they rebel?)
O I believe there is nothing pure about America and her freedom!
O to see how far she has strayed from Democracy!
O impostors! Interlopers! Invaders! Thieves! How mighty the fanatics
    have become!
O you who dare to represent us and them!
O self-adorned king! O southern trees bearing noose marks, still!
O to occupy through grace! O generosity!
O all of us, separable — time, time, time!
O CURSE HE THAT WOULD DISSEVER THIS UNION FOR ANY REASON
    WHATEVER!
O evil, o slaughter, o giant wave!
O torture exported to the highest bidder!
O fear shapers, O bomb threats! O famous terrorist!
O the suburbs, O the slum! The strong men and women are shopping their
    minds away.
O the utopia where everyone gets stared at equally!
O fake Louis Vuitton! Fake pashima! Did he who made the lamb, make thee?

Ô l'utopie de regards décochés à tous à part égale !

Ô faux Vuitton ! Faux pashima ! Celui qui fit l'Agneau, est-ce lui qui te fit ?

Ô main d'enfant d'Indochine !

Ô images des siècles à venir ! Ô rêves d'un monde meilleur !

Ô force et chance, ne m'abandonnez pas à présent !

Ô heure de mon adversité !

Ô ouvriez qui construisez les structures qui me soutiennent !

Ô travailleurs immigrés qui clouez des planches 15 heures d'affilée !

Ô conducteurs de métro ! Chauffeurs de taxi ! Nous faisons les trajets ensemble tous les jours. J'écrirai l'encyclopédie de tous vos coups d'œil disparus et oubliés.

Ô conflit intérieur! Je t'aime et te déteste, toujours !

Ô bric-à-brac de mon enfance ! Ô inséparable lapin en peluche !

Ô soleil, ô lune ! Circulez, vous ne connaissez rien d'autre.

Ô broyeur de noir ! Il faut que je me mette à construire ma vie, avant notre mort à tous.

Ô biodiversité ! Ô producteurs bio ! Je ne parlerai pas en votre nom, mais je veux bien acheter vos pommes.

Ô rivière empoisonnée, ma voisine !

Ô combats truqués, ô privatisations ! Je ne peux rien pour vous, je ne suis pas votre poète.

Ô adieu, décennies écoulées ! Féministes ! Bonnes sœurs ! Pleureuses publiques !

Ô courage du peuple arc-en-ciel !

Ô vastes préparatifs d'émancipation ! Noirs et blancs ! Ô diversité, on t'appelle dogme à présent !

Ô combien faut-il à un message pour atteindre l'avenir ? Que diront-ils quand ils verront ce que nous sommes devenus ?

Ô voyants ! Ô maîtres ! Séparer moralité et jugement.

Ô réalité ! Descends, descends sur tous les états rouges.

Ô anniversaire ! Ô Jésus ! Ô modeste adoration, foi sans législation !

Ô conviction ! Infecte les hordes de poètes ! Artistes ! Chanteurs !

Ô dépression ! Ô intensité passionnée et stérile!

Ô chants de liberté ! Chants d'entrepreneur, d'agent, de gérant, de sergent !

Ô arrogance ! Ô liberté ! Que n'inflige-t-on pas en ton nom à ceux qui te cherchent ?

Ô menteurs extatiques !

Ô moi, je, eux ! Prêt à quoi ? Peur de quoi ?

Ô rébellion ! Ô âge des ténèbres ! Ô phénix, donne aux oppresseurs et aux opprimés la force de dépasser leurs pires inclinations !

Ô jeunesse éclatante, brûlante et stupéfiante !

O child's hand in Indochina!
O images of future centuries! O dreams of a better world!
O strength and luck, don't leave me now!
O hour of my need!
O workmen building the structures which sustain me!
O immigrant laborers nailing boards for 15 hours straight!
O subway drivers! Cab drivers! We travel together every day! I will
    make the encyclopedia of all your lost and forgotten glimpses.
O internal conflict! I love and I hate you, always!
O storage of childhood junk! O inseparable toy bunny!
O sun, o moon! Move along, you know nothing different.
O brooder! I must start building my own life, before we all die.
O biodiversity! O organic farmers! I won't speak for you, but I'll buy
    your apples.
O poisonous river, my neighbor!
O rigged contests, O privatization! I can't save you, I'm not your poet!
O goodbye past decades! Feminists! Nuns! Public mourners!
O courage of rainbow people!
O vast preparations for emancipation! Black and white! O diversity,
    they now call you dogma.
O how long does it take for a message to reach the future! What will
    they say when they see what we have become!
O clairvoyants! O teachers! To separate morality from judgment.
O reality! Filter down, filter down, to all red states!
O Birthday! O Jesus! O humble adoration, unlegislated faith.
O conviction! Infect troops of poets! Artists! Singers!
O depression! O unproductive passionate intensity!
O songs of freedom! Songs of contractor, middleman, manager, sergeant!
O arrogance! O freedom! What's being done in your name, to your seekers?
O ecstatic liars!
O me, I, they! Preparing for what? Afraid of what?
O insurgency! O dark ages! O phoenix inspire oppressors and oppressed
    to raise above their worst inclinations!
O brilliant, burning, amazing youth!
O visionary slogan-makers, still writing dissent on subway walls!
O prophets! You started writing self-help books and lost what was most
    inarticulate about your vision!
O unspoken! O cosmic and biological marriage! O consciousness! O quark!
O America, you have been dissevered!
O Whitman, who never saw it coming!

Ô faiseurs de slogans visionnaires, toujours à couvrir les murs du métro de
   messages dissidents !

Ô prophètes ! Vous vous êtes mis à écrire des manuels de bien-être et vous avez
   perdu ce que votre vision avait de plus inexprimable !

Ô non-dit ! Ô noces cosmiques et biologiques ! Ô conscience ! Ô quark !

Ô Amérique, tu as été brisée !

Ô Whitman, tu n'as rien vu venir !

Ô mon âme ! Ô parole impuissante !

Ô nouveau-né, perdu dans l'immensité de ce siècle !

Ô États américains ! Vous achetez le conformisme aux dépens des droits de
   l'homme ! Je n'arrive pas à vous aimer quand vous vous détruisez vous-mêmes.

Ô désir de mort ! Sinon, pourquoi élire des terminators ?

Ô histoire neuve ! Façonne une humanité inexprimable ! Gribouillis! Gribouillis !
   Faites-vous parole !

Ô poètes tièdes! Ô vous, assis là ! Qu'entendez-vous dans cette logorrhée ?

Ô hauteur que je recherche ! Ô infini dans un bol vide !

Ô force sans nom ! Tu profères des menaces d'apocalypse tout en la déclanchant !

Ô histoire sculptée ! On pousse un levier et tu te mets à trembler !

Ô mer que l'on manipule, tu tues ton pêcheur !

Ô poètes, les poissons à la dérive et les membres déchiquetés ! Tous comptent
   sur vous !

Traduction d'Éric Athenot.

O my soul! O powerless speech!

O infant, speck on the century!

O American states! Buying conformity over human rights! I can't love
you as you self-destruct.

O death wish! Why else would they vote for terminators!

O new history! Forge inarticulatable humanity! Scratches! Scratches!
Push forward into speech!

O muted poets! O you sitting there! What are you hearing in this vague
dribble?

O height I seek! O infinity in an empty bowl!

O nameless force! Threatening apocalypse by making it happen!

O sculpted history! They pull a lever and you quake!

O manipulatable sea, killing your fisherman!

O poets, the drifting fish and the dissevered limbs! All counting on
you!

Joan Retallack

Conjecture porte-document perdu

ne perdez pas espoir en moi nous vous eux

numéro numéro gagnant gagnant gagnant

le plus dur est toujours le ciel

bleu au début

wasabi hasard hasard wasabi wasabi coucher de soleil

tout est vrai tout gagnant gagnant

gagnant gagnant les numéros gagnants sont bleus

tirent sur le passé sur le bleu bleu

circonstance

le plus dur est toujours le ciel

parti avec tous les les

ces objets numériques

momentanément absent

non oui important oui manuscrit perdu

porte-document attaché-case fourre-tout valise oubliés

dans ascenseur taxi Alpes Pyrénées garage chambre hôtel bar placard

sur banc vélo pont ferry poussette comptoir boulevard

au distributeur kiosque terminal à la gare frontière ANPE

Joan Retallack

Lost Brief Case Conjecture

do not give up on me us you them

lucky lucky number number number

the sky is always the hardest

blue in the beginning

wasabi chance chance wasabi wasabi sunset

it's all true all lucky lucky

lucky lucky lucky numbers are blue

drawing on the past on blue blue

instance

the sky is always the hardest

left with all these these

those numerical objects

not there at the time

no yes important yes manuscript lost

the brief case suit case back pack valise is left

in the elevator taxi Alps Pyrenees garage hotel room locker bar

on the bench train bus ferry trolley counter street

at the station news stand terminal border ATM

numéro bleu bleu wasabi peux-tu être peux-tu être décomposé en facteurs premiers

est-ce qu'une opinion prend de la place

la flore coloniale retrouvera-t-elle un jour sa beauté

(hors loge la pendule gît)

est-ce que l'ascension vers la ruine de de vient le ciel

Traduction d'Omar Berrada.

blue blue wasabi number can you be can you be factored into primes

does an opinion occupy space

can the Imperial flora look beautiful ever again

(nothing left on the right clock)

does the rise into ruin be be come the sky

Sarah Riggs

Mer nôtre (quel autre)

deux années de guerre
—mots pris à Whitman (« The World Below the Brine»)

Guerres, vision
de : êtres—

/êtres—morse
ailerons

\#

de la nôtre à celle
d'êtres proches de—

(ouvertures)

Crache/à l'eau
qui dès lors

êtres   comme   nôtres

\#s

soufflant—

 amples lichens
léopard des mers
tortue de plomb

forêts / sur le fond
existences

\#s

pâturant
comme

de (couleur)s différentes
herbes roses, semences

et fleurs inouïes

des nôtres

Sarah Riggs

Brine Ours (Who Other)

two years of war
—words lifted from Whitman's "The World Below the Brine"

Wars, sight
of : beings—

    /beings—walrus
flukes

     #

from ours to that
of beings close to—

(openings)

Sperm-/whale
who thence

   beings   like   ours

    #s

blowing—

      vast lichens
      sea leopard
      lead turtle

forests / at the bottom
existences

     #s

grazing
like

      different (color)s
      pink turf, strange

flowers and seeds

from ours

à/ comme   nôtres parcourent

       .autres

                    sphères   ##   #

                                        #

                                                    #

              ##

          #   ####

      ##   ########
      ###   #   # #
          ######   #
    #################
    ########## #######
    ##################   ##
    #################
    ######################
    ##############################
              ###########
                  #####   ##############   #####
                      ########## ##############
                      ##### ### ###############
                  #####################################
                  #####################################
                  ################# ##################
                  #####################################
                  ########################## ##########
    ############ #######################################
    ###
    ###
    ###
    ########## 19 Mars 2005 # 1520 morts (US) # 11 300 blessés (US) # inconnu (Irak)#######
    ###
    ###
    #
    ###
    ###
    #####################################

Traduction d'Omar Berrada et de Sarah Riggs.

100

```
               to/ like    ours walk

           .other
                        spheres    ##    #

                                      #

                                           #

           ##

       #             ####

   ##        ########
   ###              #                # #
        ######              #
##################
#########  #######
##################              ##
################
######################
#############################
          ###########
             #####     ###############   #####
              ##########  ##############
              ##### ### ################
              #################################
              #################################
              ################# #################
              #################################
              ######################### ##########
############ #####################################
###############################################################
###############################################################
###############################################################
########March 19, 2005  # 1520 dead (US)  # 11,300 wounded (US) # unknown (Iraq) #######
###############################################################
###############################################################
# # # # # # # # # # # # # # # # # # # # # # # # # # # # # # # #
###############################################################
###############################################################
#####################################
```

Stephen Rodefer

L'accoucheur arrive

pour être coupeur de bois et commerçant
bien que moindre fabbro

Vingt-huit ans d'un amour de femme
        et tant de solitude
    tu aurais dû être avec nous
                ce jour-là autour de la soupe de palourdes
    des suicidés étalés sur le sol ensanglanté
            de leurs chambres et nous passions
nos *Howls* au filtre de notre bienséance la repartie
            les pas glissés et l'effondrement
                    la canaille trouverait ça
        dénué de sens. Aimer
        devenir tenace possessif et infatigable
    Ne dis pas la tortue
        est indigne parce qu'elle il n'est pas
            autre parce que la taille
                    n'est que croissance
        Brûlant de désir brut mystique ou nu
            copuler n'est pas plus obscène pour moi que la mort
                    n'est parole ou jumelle
    Aujourd'hui nous
                projetons la semence
                        de républiques arrogantes
        voici la *city* et j'en
                    suis citoyen
        Je suis un vieil artilleur
                je raconte le bombardement de mon fort
        Comme les ancres éclaboussent ! Reprends tes frusques chéri
            tu me poses des questions
    je ne les pose pas   mais je t'entends
        Tout ça pour l'argent
                    ou pour tuer le temps
                        avant d'être
                embarqué je jure

Stephen Rodefer

The Accoucheur Comes

to be a commercial wood cutter
even if the lesser fabbro

Twenty eight years of womanly love
                and all so lonesome
        You should have been with us
                        that day 'round the chowder kettle
        the suicides sprawled on the bloody floors
                of their bedrooms and we strained
our Howls with our decorum the repartee
                        the shuffle and the breakdown
                                        the pert may suppose
                it meaningless To be enamoured
        of growing tenacious acquisitive and tireless
        Do not call the tortoise
        unworthy because he she is not
                something else because size is
                                        only development
        Hankering or gross mystical or nude
                copulation is no more rank to me than death
                                is speech, is the twin
        This day we are
                        jetting the stuff
                                        of arrogant republics
        this is the *citie* and I
                                am one of the citizens
        I am an old artillerist
                        I tell of my fort's bombardment
        How the flukes splash! Shoulder your duds, dear
                you are asking me questions
        I do not say   but I hear you
        These things for money
                                        or to fill up the time
                                                while I wait
                        for a ferry I swear

ne jamais Parler d'amour

ou de mort dans les maisons   une fois encore

l'objet le plus fragile peut servir de moyeu à l'univers

Si tu ne dis rien

comment puis-je le dire   que ton âme reste

fraîche, il est vain de vouloir m'alarmer

A soixante-quatre ans ce jour

en parfaite santé je dé   bite du gin

Saphir bleu espérant   en finir avec les seins polis des melons

le charabia plaintif des vieilles branches

les queues de dentelle

Les armoires débordent de parfum mais l'atmosphère est tout

sauf parfum

Il n'y a jamais eu autant de dé

buts que

maintenant. Raffiner ne sert à rien, je hume

mon propre

souffle quelques baisers

légers quelques étreintes

Mys   tère et moi

nous voilà dressés devant l'affectueux

le hautain et l'elec

trique je transpire

dans le brouillard avec les ling   u ist es et les Autres

prétendants j'attends et regarde

la forme parfaite des choses je suppose

c'est sûrement le drapeau

de mon humeur

les langues ne sortent pas

du palais des bouches pour rien

SR   30 mars 05   la Reine Essence

Traduction de Ladislas Karsenty et d'Oriane Monthéard.

I will never Mention love
or death inside a house   again there
is no object so soft but it makes a hub for the universe
If you do not say anything
how can I say anything   let your soul stand
cool, it is idle to try and alarm me
I now sixty four years old
in perfect health be   gin hoping
blue Sapphire   to end the polished breasts of melons
the moaning gibberish of limbs
lacy jags
The shelves are crowded with perfume but the atmosphere is
no T perfume
There never was any more In
ception than there is
now To elaborate is no avail, I smoke
my own
breath a few light
kisses a few embraces
I and this myster
y here we stand for the affectionate
haughty and electric
al I sweat
through fog with ling   u   ist   s   and   Other
Contenders I await and witness
the perfect fitness of things I guess
it must be the flag
of my disposition
tongues do not come
from the roofs of mouths   for nothing

SR   30 mars 05   la Reine Essence

Lytle Shaw

Nouvel An 2000 dans la crèche de Walt à Manhattan
(pour Carlos Tejada)

Je ne t'ai pas frappé parce que tu as mal agi.
Je l'ai seulement fait pour que tu n'oublies pas…
                    — Le père de Cellini à Benvenuto

Ainsi le temps dégage les coupes de cheveux
d'impossibles concerts à obtenir
et de comptes rendus — impositions,
jusqu'à ce que trottoirs, ports et industries
du début XXᵉ rayonnent, au style 2ᵉ personne
du futur, en photo.

Un «hippie» tente d'ouvrir la porte de service
s'accroupit pour bousiller la serrure.
Les caméras l'ont enregistré.
Il y a d'autres tableaux de valeur.
Alors on nous encourage à conserver
des fichiers d'images — à coller sur
des supports en carton, à nous rendre
dans les vastes archives des Hopis.

Elles représentent des réalités — tout est
comme il devrait l'être dans les guerres plus denses
certaines sommes se répandent — elles prélèvent la réalité
ou ses annexes, par exemple :
des bouffées de disco en provenance d'un yacht de l'ère soviétique sur la Baltique.
On danse, il y a des pantalons moulants et
des tirs de mitrailleuse dans le lointain marché.

Qui est encore en vie ?
John Ashbery, Jean Baudrillard, Philip Johnson :
un prodigieux trio s'élevant contre l'idée
de caste. Il y a Louise Bourgeois,
Agnès Martin et Robert Rauschenberg,

Lytle Shaw

New Year's in Walt's Manhattan Crib
(for Carlos Tejada)

I didn't hit you because you had done wrong.
I only did it so that you will never forget . . .
                    —Cellini's father to Benvenuto

Thus time makes the haircuts
impossible getting gigs
and summing up—imposition,
till sidewalks, harbors and early-C
industry begin to glow, second person
future style, through photos.

A "hippie" tries the service exit
crouching to bust the lock.
We've got him on camera.
There are other prized tableaux.
So we're encouraged to keep
image files—paste on
cardboard backing, head off
into the vast Hopi archives.

They stand for realities—all is
as it should be in the denser wars
some sums stick—they sample reality
or its adjuncts, for example:
disco wafts from a Soviet-era yacht on the Baltic.
There is dancing, tight slacks and
machine-gun fire in the market distance.

Who's still alive?
John Ashbery, Jean Baudrillard, Philip Johnson:
a stupendous trio all issuing forth against the idea
of caste. There's Louise Bourgeois,
Agnes Martin and Robert Rauschenberg,

l'annonce des choses reconnues, la science,
la croissance approuvée des villes et la diffusion des inventions :
Godard, Derrida et Robbe-Grillet
      observant des cercles de boîtes de conserve au fil de l'eau.
Le médecin après avoir longtemps remis à plus tard
      administre le terrible et silencieux
      regard à la recherche de Rudy Burkhardt,
Deleuze, et Frank Sinatra, ce qui ne laisse
que d'incommodes états intermédiaires : les congelés
par cryogénie — bien que personne ne compte
(à voix haute)

   —31/12/99

Traduction de Béatrice Trotignon.

the announcement of recognized things, science,
the approved growth of cities and the spread of inventions:
Godard, Derrida and Robbe-Grillet
     staring at can rings in the water flux.
The physician after long putting off
     gives the silent and terrible
     look for Rudy Burkhardt,
 Deleuze, and Frank Sinatra, which leaves
 only awkward middle states: the cryogenically
 frozen—though no one's counting
(out loud).

—12/31/99

Eleni Sikelianos

Extrait de *The California Poem*

Voir le monde

mathématiquement ?

courbes de la vague

ou volute de sons assoiffés

Dessine le monde de mémoire

Non, ceci est une banane

Maintenant exerce-toi

travaille tes courbes —

Exerce-toi à le

dessiner, ce

monde

courbe d'horizon

Eleni Sikelianos

From *The California Poem*

See the world

mathematically?

wave's curves

or curl of thirstling sound

Draw the world from memory

No, that's a banana

Now practice

practice your curves —

Practice drawing

it, this

world

curve of horizon

capsule d'eucalyptus

loques déchiquetées de vague brisée

qui déferle en pelures en fils de

livide avidité

de naufrages

Quand elle «se brise», on peut dire qu'elle «se fracasse»,

mais il y a   derrière la ligne de rupture

                                    l'aveugle ligne d'horizon

et rien ne se brisera plus

    avant une autre rive (des milles et des milles par-delà la mer houleuse)

    courbe de la limite — cambrure du monde — sa voix qui passe en courbe — une

    balle de baseball – sa – batte – battant – des ailes – en arc vers – sombre – feuille – d'euca-

                                    lyptus — quel

déjeté, quelle symétrie

eucalyptus pod

                jagged rag of torn breaker

peeling in in threads of

white appetite

for wreckage

When it "breaks," we can say it "shatters,"

but there is   behind the breaking line the

                                        blind horizon line

and no thing will be broken again

        till another shore (miles and miles past rough sea)

    border curve — world's curve — his voice curving past — a

    baseball — its — bat — bat — wings — arcing toward — dark — euca-

                                        lyptus leaf — what

lopsided, what symmetry

«Quelle harmonieuse chimie !

Dire que les vents ne répandent pas d'infections

Dire qu'il n'y a aucune feinte dans le vert, transparent ressac de l'océan qui me

poursuit lascivement

Dire que je peux sans danger laisser l'océan me lécher le corps de toutes ses

langues»

Traduction de Béatrice Trotignon.

"What chemistry!

That the winds are not really infectious,

That this is no cheat, this transparent green-wash of the sea which is so

    amorous after me,

That it is safe to allow it to lick my naked body all over with its tongues"

Rod Smith

Extrait de *La bonne maison*

le temps est un débutant maison réputé

trente de plus sont nécessaires

trébuchant, la maison pétrit la fleur,
m'envoûte, partage le bol, sidère
& est douce, sidère
& est réelle

———

Que c'est une maison.
Qu'elle ne bouge jamais.
Qu'elle perd sa concentration.
Qu'elle interroge
& abandonne — ne se sent pas
bien — ne grêle
pas —-

la moitié, par amour

      présage

    & de voraces
      jeunes pousses
  de prière —
        priant les
jeunes pousses, beaucoup

de paresseuses, joyeuses, indulgentes

consciences gagnées, de douces

lettres taillées pour venir.

Rod Smith

From *The Good House*

time is a housed reputable beginner

thirty more are needed

tripping, the house kneads the flower,
spells me, parts the bowl, stuns
& is soft, stuns
& is real

———

That it is a house.
That it never moves.
That it loses concentration.
That it questions
& foregoes — does not feel
good — does not
hail —-

    half of it, for love

      harbinging

  & voracious
       saplings
   of prayer—
       praying to
 saplings, lots

of lazy, happy, lenient

bested cognizance, the felled

soft letters of coming.

———————

la bonne maison — elle est lourde,
la bonne maison — elle fonde
l'espoir dans l'inhumain, est transformée
par lui —
      devient évidente par sa force
      & est détruite, la bonne
      maison doit être reconstruite
      avec soin. La bonne maison
      est en conflit.

———————

Toute maison chantée requiert
calligraphie, affect &
rideaux — bien trop joli oui
mais on se lasse des jouets
brûlés, des fétiches secs, de l'humour
mort et des horloges. Tenir
ce que l'on aime
de la bonne manière, avec
foi et soif, sans
un certain genre d'hiver —
aimer qui on aime
et être aimé
dans une bonne maison
pour longtemps

———

Traduction d'Olivier Brossard.

—————-

the good house — it is heavy,
the good house — it exercises
hope in the inhuman, is transformed
by it—
      becomes blatant in its strength
      & is destroyed, the good
      house must be rebuilt
      carefully. The good house
      is in conflict.

—————-

Any sung house requires
calligraphy, camp, &
curtains — all too cute yes
yet one tires of burnt
toys, dry fetishes, dead
humor, & clocks. To hold
that which one loves
in the right way, with
trust & lust, w/out
a certain kind of winter—
to love the one one loves
& be loved
in a good house
for a long time

——-

Cole Swensen

À une révolution déjouée

«Je chanterai à nouveau une chanson pour toi, MA FEMME»

La statue qui vacille sera statue à jamais

Ce en quoi nous croyons
patiente, latent, dans le temps

Suture en place

Statufie-toi

partout parmi ces continents

où les balises —si
une chose seulement visible dans un certain œil léger,

l'en-feu, le

aveuglé

est la plus grande main

est sa crevasse, son

écueil et sa faute. Qui était trop

quel visage se montrait

au travers
et jurait
dans la lanterne, sans gants

c'est-à-dire que l'os luisait. Là

Qui tombant par-dessus cent ans pour trouver brisé

et Whitman

d'un grand regret.

Et, ton débiteur, il écrivit

juré de chaque rebelle intrépide de par le monde

n'ont pas grand chose en commun, de loin pas cela

le joyau
est né une dent. *En quoi nous croyons patiente* tombant par-dessus cent

sable s'envolant par une porte ouverte, les

Cole Swensen

To a Foil'd Revolution

"I will yet sing a song for you, MA FEMME"—Walt Whitman

The statue that wavers will be a statue forever

> *What we believe in*
> *waits latent in weather*

Suture into place

                Statue you

                        out into the continents

where flares—if
something only visible in some light eye,

                            the alight, the

went blind

            is the larger hand

                      is its crevasse, its

snag and blame. Who was too

                     whose face showed

through
and swore
into the lantern, gloveless

                  which is to say, the bone glowed. There

Who falling over a hundred years to find broken

                      and Whitman

of a great regret.

And in your debt, he wrote

                sworn of every dauntless rebel over the world

have not much in common, not nearly that

the jewel
was born a tooth. *Believe in waits* falling over a hundred

sand blowing through an open door, the

cheveux blonds qui tombent

                          par-dessus ses yeux,
celui-ci
     ramasse quelque chose qui est tombé au sol.

Ce qui était curieux, peut-être, si l'on considère la
révolution qu'il fit advenir en poésie à lui tout seul
un jour alors qu'il lisait le journal en 1871 et vit une
femme approcher une torche d'une larme qui vida
l'air

un après-midi de juin 1848 une femme posa à terre
un journal et écouta l'océan se livrer à sa lente chute
dans l'histoire doucement et en pièces toutes alignées
les yeux tous bandés

en 1789 je sortis pour rentrer dans
une mine de neige

                             intrépide de par le monde
par-dessus ses yeux.
La statue sur la place est celle d'un homme à cheval et cent
dans le ciel.
          Bagdad fut construite sur le site
des jardins suspendus de Babylone.
                   Un homme se retourne rapidement
à ce bruit. Ne bougez pas !
               dit l'homme qui tombe,
j'arrive.

Traduction d'Abigail Lang.

sandy hair falling
             over his eyes,
this one
        picks up something that's fallen to the floor.

Which was odd, perhaps, considering the
revolution he single-handedly wrought in
poetry one day when reading the newspaper in
1871 and saw a woman apply a torch to a tear
that emptied the air

on a June afternoon in 1848 a woman put down
a newspaper and listened to the ocean make its
slow fall into history softly and in pieces all
arranged in line with all their blindfolds on

in 1789 I walked out into a mine of snow

                        dauntless over the world
over his eyes.
The statue in the square is of a man on a horse and a hundred
in the sky.
        Baghdad was built on the site
of the hanging gardens of Babylon.
                   A man turns around quickly
at the sound. Don't move!
            says the falling man,
I'll be right there.

David Trinidad

Le garçon

J'y repense et me dis
c'était sûrement un ange.
Nous ne parlions jamais,
mais pendant tout un été, chaque jour,
il était assis sur le trottoir d'en face.
Je le regardais : mince, la peau blanche,
ses cheveux blonds coupés courts.
Parfois, juste après la baignade,
le maillot mouillé collé,
il s'installait pour sécher au soleil.
J'avais les yeux rivés sur lui.

Puis tard dans la nuit
vers la fin de l'été,
il apparut dans ma chambre.
C'est peut-être pourquoi
je l'ai toujours pris pour
un ange : silencieux, innocent, pâle
même dans le noir.
Il se déshabilla,
et souleva le drap,
se glissa contre moi.
Ses doigts cherchaient mes lèvres.

Mais peut-être mon souvenir n'est-il pas
très net.
Peut-être n'est-il jamais venu
dans ma chambre cette nuit-là.
Peut-être n'a-t-il jamais existé
et je l'aurais inventé.
Ou peut-être était-ce moi, brun au lieu
de blond, assis tout l'été
au soleil : dix-sept ans,
combattant pour survivre
à mes propres troubles.

Traduction de Ladislas Karsenty et Oriane Monthéard.

David Trinidad

The Boy

Looking back,
I think that he must have been an angel.
We never spoke,
but one entire summer, every day,
he sat on the curb across the street.
I watched him: thin, his skin white,
his blond hair cut short.
Sometimes, right after swimming,
his bathing suit wet and tight,
he would sit and dry off in the sun.
I couldn't stop staring.

Then late one night,
toward the end of the summer,
he appeared in my room.
Perhaps that's why
I've always considered him
an angel: silent, innocent, pale
even in the dark.
He undressed
and pulled back the sheet,
slid next to me.
His fingers felt for my lips.

But perhaps I am not remembering
correctly.
Perhaps he never came
into my room that night.
Perhaps he never existed
and I invented him.
Or perhaps it was me, not blond
but dark, who sat all summer
on that sunny corner: seventeen
and struggling to outlast
my own restlessness.

Anne Waldman

Te reconduire à la porte

« Dans les rues de Manhattan tout en flânant, je méditais », Walt Whitman,
« Song of Prudence ».

& je reste en vie pour contempler
& si je ne contemple pas une merveille au moins une fois par jour
— au Metropolitan — le Piero aux anges richement vêtus
en provenance du Massachusetts,
l'éblouissant Duccio récemment acquis, pieds d'enfant au cœur symbolique, je
deviens folle

Mais le cadre du petit tableau révèle ton propre reflet, mortifiant
miroir où est la compassion de la Vierge (hum) dans ce regard avide ?

les tableaux disent… traces… phonèmes… rose (un autre) sur noir et or

Un regard avide signifie que « quelqu'un observe »
Personne avide comme toi signifie que tu n'es « pas tout à fait satisfaite »
Qu'est-ce que l'art sinon une méthode avide ou baisse la voix
dans cette salle tu es censée être impressionnée, saine
arrête de te plaindre de la vitre, de ce que qu'ils gardent au
sous-sol, de ce qu'ils ne nous montrent pas, du musée-parc à thème

Tu ne seras jamais quelqu'un de riche en ayant un air aussi étrange
quand tu arpentes les musées *uptown*, la fille du Goya semble te suivre des
yeux, le gardien s'approche
pour te reconduire à la porte

Je voulais écrire un poème promenade
qui commence par une visite au musée, la 5ᵉ avenue a toujours été large
« Zone » a-t-il été influencé par Walt Whitman
demanda quelqu'un pendant le cours d'Anselm Hollo
dans la lointaine école
qui allait d'Apollinaire à Jack Spicer ?

Les poètes qu'on aime pouvaient-ils être dans une seule école ?

Anne Waldman

Show You out the Door

"Manhattan's streets I saunter'd pondering…," Walt Whitman, "Song of
Prudence."

& I stay alive to look at things
& if I don't look at something beautiful at least once a day -
- go to the Metropolitan- see the Piero with well-dressed angels
down from Massachusetts, the
stunning newly-acquired Duccio, infant feet symbolically at heart- I go mad

But the box around the little painting shows your own reflection, mortifying
mirror where is Virgin compassion (ho hum) in these hungry eyes?

paintings speak...traces....phonemes....pink (another) on black with gold

Hungry eyes means "someone is looking"
Hungry person like you means you are "not just satisfied"
What is art but some hungry method or let down your voice
in this chamber you are supposed to be awed, wholesome
stop complaining about the glass, what these people keep in the
basement, what they are not showing us, museum as theme park

You will never be a rich person looking so strange
pacing the uptown galleries, the Goya girl seems to follow you with her
eyes, the guard is approaching you
to show you out the door

I wanted to write a walking around poem
beginning with a trip to the Museum, Fifth Avenue was always wide
Was "Zone" influenced by Walt Whitman
someone asked in Anselm Hollo's lecture class
in the distant school
which went from Apollinaire to Jack Spicer?

Could the poets we love exist in one school?

Trop passionnée d'art, de poésie, de modernisme
si jeune tu t'y es intéressée et tu parcourais ces mêmes rues
te rappelles-tu?

avant d'émigrer…

Te rappelles-tu ce couple de filles — te rappelles-tu leur étreinte
L'une aux cheveux bruns, immense, les ongles rouge intense
l'autre une gosse des rues, un lutin

"mouvement" "perspective" "au hasard"

des filles aussi «butch» que «fem» le revendiquant au monde

trop… passionnée… d'art, dit-elle, mesurant l'autre (moi) du regard

&

un conservateur pointilleux de retour à l'intérieur (nous ne traînions plus dans les rues)
a dit que nous devions regarder la figure comme
par en dessous O.K. on va essayer & rester en vie pour essayer de le faire
regarder sa sainteté par en dessous, à genoux si tu insistes
je veux la toucher, elle, l'art oui & tu pourrais être Walt Whitman
n'importe où dans cette ville, poussant des portes à tambour

Une part de la réflexion ici comprend une métaphore de loups, de gens avides,
de détenus, d'écoles qui ferment leurs portes, du doux sentiment qu'on peut
toujours tourner au coin de la rue peut-être erroné peut-être vrai

Tourner

& je reste sensuelle pour être aimée et t'aimer aussi et te traîner jusqu'aux divins
musées où n'importe quel artefact de la civilisation est gratuit
tu peux payer cinq *cents* seulement si tu habites la ville
je veux bien payer des impôts pour l'art mais pas pour la guerre
(si on aborde cette question)

et t'aimer librement et te donner un amour si vaste que tu pourrais
y voyager partout dans cet amour aussi vaste que sa portée et il te porte jusqu'à
ces marches qui te détournent de la manifestation contre une guerre illégale

Too passionate about art, poetry, modernism
You were young in it and you were walking these same streets
remember?

before you migrated....

Remember the girl couple - remember their embrace
One with dark hair, very tall, deep red fingernails
the other a gamin, pixie

"motion" "perspective" "random"

girls as "butch" as "femme" out in the world

too...passionate...about art, she said, sizing the other one (me) up

&

a fussy curator back inside (we were off the streets now)
said we were to be looking at the figure as if
from below okay we will try that & stay alive to try that
looking at her holiness from below, on my knees if you will
I want to touch it, her, art yes & you could be Walt Whitman
anywhere in this town, revolving doors

Some of the thinking in here includes a metaphor of wolves, hungry people,
the incarcerated, schools closing, sweet sense of being able to
always turn a corner maybe fallacious maybe true

Turn

& I stay sensate to be loved and love you too and drag you to the heavenly
galleries where any civilization's artifact is free
you can just pay a nickel if you are a citizen
I will pay taxes to support this art but not war
(looking into that)

and love you freely and give you wide love that you could
travel anywhere in this love wide as it goes and it does to these steps
which take you away from the demonstration against an illegal war

tu pénètres à l'intérieur et y trouves un refuge en contemplant

& j'ai créé — moi, une militante, éprise de poésie — une école loin d'ici
pour considérer «la poésie comme pensée» et on était
«beat» avec une conscience de l'héritage, on envisageait de doter une Chaire
Frank O'Hara pour un
Poète des Potins et on se demandait comment considérer les choses de façon amusante,
tragique, et comment parler d'«héritage», «de la préservation du monde pour la poésie», etc.
& une Chaire israélienne qui serait occupée par un Palestinien
& une Chaire grecque qui serait occupée par un Turc
& Robert Duncan parlait longuement et disait qu'on pouvait sentir intuitivement la réalité
& on a nommé un bâtiment «Allen Ginsberg» et on a pleuré et on a fait des
commémorations à la mort de poètes, on lisait un texte à voix haute, on tenait
les livres les mains de part et d'autre des Rocheuses

& la traduction de ces états mentaux

& cela me paraît très loin… les marches… la création une école… la jubilation
de l'archivage… lorsque nous nous rendions au musée
je n'ai pas pu passer sans y voir une merveille aujourd'hui
Combien de millions pour un Duccio ?
(ça les vaut, dit-elle)
& bien sûr tous les poètes adorent Piero
plaisir inestimable à regarder Piero

& réfléchis à la question des impôts il fallait y songer avril approche
& réfléchis à la question de la sécurité sociale comme la situation est désolante
& réfléchis à la question de la mort de la nature
de la naissance et de la mort des villes & Noam Chomsky
dit qu'il y aura bientôt des attentats-suicides sur notre sol
«Qui croyez-vous dépasser ? Êtes-vous le Président ?»

Comme ils se moquent de nous en Europe
l'Europe qu'on a mise dans nos musées ?
Comment être une académie d'arbres alors que nous sommes en train de les abattre

Traduction de Béatrice Trotignon.

you come inside & find some shelter here looking at things

& I started - me, an organizer, in love with poetry - a school far from here
to consider "poetry as thinking" and it was
"beat" and it was lineage-conscious and it considered an endowed Frank
O'Hara Chair for a
Poet of Deep Gossip and how we might look at things amusingly,
tragically, and talk about "lineage," "keep the world safe for poetry" etc
& an Israeli Chair to be occupied by a Palestinian
& a Greek Chair to be occupied by a Turk
& Robert Duncan spoke at length and said we could intuit reality
& we named a building "Allen Ginsberg" and wept and held memorials when
a poet dies, reading something aloud, holding books with hands across the
Rockies

& translation of these mental states

& this seems long ago...steps...founding a school...archival glee... when we
walked to the museum
I couldn't get by without seeing something beautiful today
How many million for a Duccio?
(worth it, she said)
& of course all the poets love a Piero
inestimable pleasure in a Piero

& consider the business of taxes we had to think of it's soon April
& consider the business of welfare how sad it goes
& consider the business of the end of nature
and the beginning and end of cities & Noam Chomsky
says we will have suicide bombings soon on home turf
"Have you oustript the rest? are you the President?"

How are they laughing at us in Europe
Europe that we put in our Museums?
How can we be a walking academy of trees when we are tearing them down

Keith Waldrop

Extrait de *The House Seen from Nowhere*

…et comment Whitman, ses vers
engorgés comme
aux heures de grosse circulation, assuré par son
relevé crânoscopique de son
Amativité, son
Adhésivité, sa
Philogéniture, mais mis en garde contre sa
Sensualité, se tourne

vers les blessés, dont
la chair est retroussée et le crâne
ressort, épitaphe—
sépulcre—rescapé
d'os. Évocation
d'une forme pour le désir, tel
un trésor déterré.

Traduction d'Éric Athenot.

Keith Waldrop

From *The House Seen from Nowhere*

...and how Whitman, his lines
clotting like
heavy traffic, assured from his
bump-chart of his own
Amativeness,
Adhesiveness,
Philoprogenitiveness, but warned against
Voluptuousness, turns

to the wounded, where
flesh is thrust back and the skull
stands out as epitaph—
sepulchre—bone
survivor. Suggesting
a shape of desire, like
dug up treasure.

Jonathan Williams

L'autopsie adhésive de Walt Whitman, 1892

« Messieurs, regardez cette merveille...
et les merveilles qui s'y trouvent encore »

« pleurésie du côté gauche, consomption
du poumon droit,

tuberculose miliaire générale
et néphrite parenchymateuse... un gros

foie un calcul énorme
qui remplit la bile,

un kyste dans les surrénales, des abcès tuberculeux
qui affectent les os,

et une paehyméningite »

« On ne s'attendait pas du tout à apprendre qu'il était un Kosmos... »

Oh revoir cher Walter

————————————

Les citations sont tirées, mot pour mot, de journaux de Philadelphie et de Camden...
l'adieu vient de la mère du poète, qui n'était pas douée en orthographe.

Traduction de Yan Brailowsky.

Jonathan Williams

The Adhesive Autopsy of Walt Whitman, 1892

«Gentlemen, look on this wonder...
and wonders within there yet»

«pleurisy of the left side, consumption
of the right lung,

general miliary tuberculosis
and parenchymatous nephritis... a fatty

liver a huge stone
filling the gall,

a cyst in the adrenal, tubercular abcesses
involving the bones,

and paehymeningitis»

«that he was a Kosmos is a piece of news we were hardly prepared for...»

good bie Walter dear

_____

*The quotations are, verbatim, from the Philadelphia and Camden newspapers... the
farewell is by the poet's mother, who could not spell properly.*

Elizabeth Willis

Îles des premiers temps

Ce je, ce moi, je parle depuis l'intérieur d'un livre. Ce cerveau m'a appris des choses délicieuses, des escortes excusables, des liaisons signalées. Je ne veux pas faire dans le tragique, même envers le scarabée doré à la feuille. Moi, Walt Whitman, le Texas dans la bouche. Bannissez ce fantasme au profit de notre ombre effarouchée. Je me suis souvenu de mes acrobaties, de leurs effets. Même les pommes ne tombent pas toutes seules. Notre vie qui se détache sur la lentille de minuit : ce pauvre Crusoë sur Mars. Je marche et traverse cette muraille d'air pour conforter mon sénat.

Traduction de Marc Chénetier.

Elizabeth Willis

Primeval Islands

This I, this me, I'm speaking from a book. That brain that taught me delicious things, forgivable trains, a signal business. I don't want to be tragic, even to the goldleafed bug. I, Walt Whitman, with Texas in my mouth. Dismiss this fantasy in favor of our startled shade. I remembered my tricks and what they did. Even apples aren't free. Our life against the midnight lens: poor Crusoe on Mars. I'm walking through this wall of air to comfort my senate.

Andrew Zawacki

Inaccomplies

Chant dessus dessous

Même si ce n'est ni ton
langage ni le mien   ni
en l'euphraise & ni en
ton nom   qu'importe si
bois flotté pollen ou cirrus
halant leurs ombres assourdies
hantent le rivage :   même si chaque
écrivit doit
                    autrer son auteur
une sonate aurorale   horizon
château   les archives privées
du vent lacustre & de la perte   un flot bordeaux
plus proche de moi que moi
même :   même si un camélia mouillé
comme par défaut   mélisse ou
ambre gris   pas-d'âne ou bardane
habitant
                    un unique coup de
soleil— donne pardonne-nous
notre suiveuselumière
nos fjords de trans-
percer des dégels de nous-mêmes
analecte & s'écartent d'un ciel
arsenic   comme un enfant qui défend
un château de sable contre
l'après-midi
                    déviant une ride
d'eau salée
disant à l'océan stop

Traduction d'Antoine Cazé.

Andrew Zawacki

Unevensong

Although it is neither your
language nor mine   not
in the eyebright & not in
your name   no matter if
driftwood if pollen or cirrus
hauling their muted shadows
vex the shore: although every
written must
                  other its author
a daybreak sonata   horizon
château   the private archives
of lakewind & loss   a claret tide
that's closer to me than my
self: although wet japonica
as if by default   melissa or
ambergris   coltsfoot or burr
inhabiting
                  a single stroke of
sun—   give & forgive us
our tagalonglight
our fjords of crashing
through thaws of ourselves
analect & veer from an arsenic
sky   like a child who guards
a sand castle against
the afternoon
                  tapping a wrinkle
of salt water
telling the ocean to stop

Biographies

Notices biographiques

John Ashbery a publié plus de vingt recueils de poésie, dont les plus récents sont *Chinese Whispers* (FSG, 2002) et *Where Shall I Wander* qui vient de sortir conjointement chez Ecco Press (États-Unis) et Carcanet (Grande Bretagne). Ses textes critiques ont été rassemblés dans le volume *Selected Prose* publié à l'automne 2004 par Carcanet et les presses de l'Université du Michigan. John Ashbery est depuis 1990 titulaire de la chaire de littérature «Charles P. Stevenson, Jr.» à l'Université Bard College à Annandale-on-Hudson dans l'État de New York.

Guy Bennett est l'auteur de quatre recueils de poésie, dont le dernier, *Drive to Cluster* (2003), a été écrit en collaboration avec l'artiste Ron Griffin ; avec Béatrice Mousli, il a aussi publié *Poésies des deux mondes : un dialogue franco-américain à travers les revues littéraires, 1850-2004* (2004). On a pu lire son travail dans des revues et anthologies au Brésil, en France, en Italie, au Mexique et aux États-Unis. Parmi ses plus récentes traductions, des livres de Mostafa Nissabouri, Nicole Brossard, Valère Novarina et Jacques Roubaud. Il vit à Los Angeles, où il dirige la maison d'édition Seeing Eye Books.

Bill Berkson, poète, critique d'art et professeur de lettres au San Francisco Institute, a publié récemment *Fugue State*, *Serenade*, *Hymns of St. Bridget* (en collaboration avec Frank O'Hara) ainsi qu'un recueil de textes critiques, *The Sweet Singer of Modernism & Other Art Writings 1985-2003* (on peut commander ces titres en écrivant à orders@spdbooks.org). *Gloria*, qui regroupe 28 poèmes illustrés de 25 eaux-fortes d'Alex Katz, va sortir chez Arion Press dans une édition d'art à tirage limité.

La publication la plus récente de **Charles Bernstein** est *Shadowtime*, livret écrit pour l'opéra de Brian Ferneyhough consacré à la figure de Walter Benjamin (publié chez Green Integer Books). Il vit à New York et travaille à l'Université de Pennsylvanie, ce qui l'amène fréquemment à prendre le train pour traverser le beau New Jersey et à constater avec tristesse l'état de délabrement de Camden, ville de résidence de Whitman.

Charles Borkhuis a récemment publié *Mouth of Shadows* (pièces de théâtre), *Savoir-Fear* (poèmes) et *Alpha Ruins* (poèmes). Son long poème *Afterimage* sortira en 2006. Ses textes consacrés à la poésie ont été réunis dans deux livres récents : *Telling It Slant* et *We Who Love to Be Astonished* (publiés par l'Université de l'Alabama). Sa pièce *Phantom Limbs* s'est vu décerner le Prix du meilleur texte de théâtre ainsi que le Prix de la critique par le *Los Angeles Times* alors que son scénario *Undercurrent* est retenu pour le Prix Robert Vague décerné par l'Université de New York (NYU). Sa pièce *Sunspots* sera montée en français à Paris au printemps 2006.

John Ashbery has published more than 20 collections of poetry, including, most recently, *Where Shall I Wander*, (Ecco Press/HarperCollins [US] and Carcanet [UK], 2005). His *Selected Prose* was published in 2004 by Carcanet and The University of Michigan Press. Since 1990 he has been the Charles P. Stevenson, Jr. Professor of Languages and Literature at Bard College in Annandale-on-Hudson, New York.

Guy Bennett is the author of four collections of poetry, most recently *Drive to Cluster* (2003), a collaboration with artist Ron Griffin, and co-author, with Béatrice Mousli, of *Charting the Here of There: French and American Poetry in Translation in Literary Magazines, 1850-2002* (2002). His writing has appeared in magazines and anthologies in Brazil, France, Italy, Mexico, and the U.S.. Recent translations include works by Mostafa Nissabouri, Nicole Brossard, Valère Novarina and Jacques Roubaud. He lives in Los Angeles, where he publishes Seeing Eye Books.

Bill Berkson is a poet, art critic, and professor of Liberal Arts at the San Francisco Institute. His recent books are *Fugue State, Serenade, Hymns of St. Bridget* (with Frank O'Hara), and a collection of criticism, *The Sweet Singer of Modernism & Other Art Writings 1985-2003*. (All titles available from orders@spdbooks.org.) A forthcoming deluxe edition from Arion Press, entitled *Gloria*, comprises 28 poems with 25 etchings by Alex Katz.

Charles Bernstein's most recent book is *Shadowtime*, a libretto written for Brian Ferneyhough in & around Walter Benjamin (Green Integer Books). He lives in New York and works at the University of Pennsylvania. He commutes to work by train and looks in despair at the grim condition of Whitman's Camden.

Charles Borkhuis' recent books include *Mouth of Shadows* (plays), *Savoir-Fear* (poems) and *Alpha Ruins* (poems), selected by Fanny Howe as runner-up for the William Carlos Williams 2001 Book Award. His book-length poem, *Afterimage,* is forthcoming in 2006. His essays on poetry recently appeared in two books: *Telling It Slant* and *We Who Love to Be Astonished* (U. of Alabama). His play, *Phantom Limbs,* won a Drama-logue Award and was chosen as Critics Choice by the *Los Angeles Times*. His screenplay, *Undercurrent,* is a finalist is the Robert Vague NYU film award. His play *Sunspots* will be produced in French in Paris (spring 2006).

Macgregor Card est poète, traducteur et il co-dirige *The Germ: A Journal of Poetic Research* (http://germspot.blogspot.com) et *Firmillia: A Spasmodic Knowledge Base* (http://firmillian.blogspot.com). Ses travaux récents ont paru dans *Aufgabe*, *Poésie*, *Arsenal*, *Columbia Review*, *Rattapallax*, *Puppyflowers* et *The Recluse*. Un recueil à tirage limité, *Souvenir Winner*, est paru en 2001 chez Hophophop Press. «Je suis le professeur des athlètes» est tiré de *Duties of an English Foreign Secretary*, sur lequel il travaille en ce moment. Il vit à Brooklyn près de l'embarcadère du ferry de Fulton.

Robert Creeley est né à Arlington dans le Massachusetts en 1926. Après des études à Harvard, il a été recruté par Charles Olson, recteur de l'Université expérimentale Black Mountain College, pour y enseigner et diriger la revue littéraire *Black Mountain Review*. Robert Creeley a ainsi contribué à façonner la poésie américaine à contre-courant de l'establishment littéraire, rejoignant ses aînés Ezra Pound, William Carlos Williams et Louis Zukofsky et ses contemporains Charles Olson, Robert Duncan, Allen Ginsberg, Denise Levertov, Edward Dorn, entre autres.
Robert Creeley a publié plus de soixante livres de poésie au cours de sa carrière, dont *If I Were Writing This* (New Directions, 2003), *Just in Time: Poems 1984-1994* (2001), *Life & Death* (1998), *Echoes* (1994), *Selected Poems 1945-1990* (1991), *Memory Gardens* (1986), *Mirrors* (1983), *The Collected Poems of Robert Creeley, 1945-1975* (1982), *Later* (1979), *The Finger* (1968), et *For Love: Poems 1950-1960* (1962). Il a aussi été responsable de la publication des *Selected Poems* de Charles Olson (1993) et de *Whitman: Selected Poems* (1973). Il a été poète lauréat de l'État de New York de 1989 à 1991, et il a enseigné à l'Université de Buffalo de 1989 à 2004. Il a été élu Chancelier de l'Académie des Poètes Américains en 1999.

Nous avions écrit à Robert Creeley au mois de février pour lui demander s'il accepterait de nous envoyer un texte. Il nous avait alors répondu que si nous souhaitions choisir un poème, il serait heureux de nous permettre de le republier. Nous lui avons donc soumis une liste de quelques poèmes parmi lesquels il nous a demandé d'en choisir un sur la mer. Dans son dernier courrier électronique, le 23 mars, Robert Creeley disait qu'il était malade et qu'il devait partir à Odessa au Texas pour subir des examens médicaux. Une semaine plus tard, nous avons eu la tristesse d'apprendre son décès, le 30 mars 2005, à l'âge de 78 ans.

Le dernier essai de Robert Creeley, « Reflections on Whitman in Age », écrit à l'automne 2004, porte sur l'œuvre tardive de Walt Whitman. L'essai a été publié dans *The Virginia Quarterly Review* au printemps 2005 et sera inclus dans un recueil posthume à paraître aux presses de l'Université de Californie.

Macgregor Card is a poet, translator, and co-editor of *The Germ: A Journal of Poetic Research* (http://germspot.blogspot.com) and *Firmilian: A Spasmodic Knowledge Base* (http://firmilian.blogspot.com). Recent work has appeared in *Aufgabe, Poésie, Arsenal, Columbia Review, Rattapallax, Puppyflowers,* and *The Recluse*. A chapbook, *Souvenir Winner*, was published in 2001 by Hophophop Press. "I Am the Teacher of Athletes" is from a manuscript in progress, *Duties of an English Foreign Secretary*. He lives in Brooklyn near the Fulton Ferry landing.

Robert Creeley was born in Arlington, Massachusetts, on May 21, 1926. In 1954, Charles Olson, rector of Black Mountain College, invited Creeley to join the faculty and to edit the *Black Mountain Review*. Through the *Black Mountain Review* and his own critical writings, Creeley helped to define an emerging counter-tradition to the literary establishment—a postwar poetry originating with Pound, Williams, and Zukofsky and expanding through the lives and works of Olson, Robert Duncan, Allen Ginsberg, Denise Levertov, Edward Dorn, and others.
Robert Creeley has published more than sixty books of poetry in the United States and abroad, including *If I Were Writing This* (New Directions, 2003), *Just in Time: Poems 1984-1994* (2001), *Life & Death* (1998), *Echoes* (1994), *Selected Poems 1945-1990* (1991), *Memory Gardens* (1986), *Mirrors* (1983), *The Collected Poems of Robert Creeley, 1945-1975* (1982), *Later* (1979), *The Finger* (1968), and *For Love: Poems 1950-1960* (1962). He has also edited such books as Charles Olson's *Selected Poems* (1993), *The Essential Burns* (1989), and *Whitman: Selected Poems* (1973). He served as New York State Poet Laureate from 1989 to 1991 and since 1989 he has been Samuel P. Capen Professor of poetry and humanities at the State University of New York, Buffalo. He was elected a Chancellor of the Academy of American Poets in 1999.

In February 2005 we had written Robert Creeley to ask him if he would send us a poem. He had then told us that if we chose a poem he would gladly allow us to reprint it. We sent him a short list of poems for possible inclusion; he wrote us back saying that a poem about the sea would be appropriate. In his last e-mail, on March 23, Robert Creeley said that he was not well and that he was going to Odessa, Texas for medical examination. A week later, we were sad to learn that he had died on March 30, 2005 at the age of 78.

Robert Creeley's last essay, "Reflections on Whitman in Age", written in the fall of 2004, is about the late work of Walt Whitman. It was published in the spring 2005 issue of *The Virginia Quarterly Review* and it will be included in a posthumous collection of poems entitled *On Earth* forthcoming from the University of California Press.

Tom Devaney a écrit *Letters to Ernesto Neto* (Germ Folios, 2005), recueil de lettres à l'artiste brésilien Ernesto Neto, ainsi que *The American Pragmatist Fell in Love* (Banshee Press, 1999). Tom Devaney assure des ateliers d'écriture à l'Université de Pennsylvanie. Dans le cadre de l'exposition « The Big Nothing » de l'Institut d'art contemporain de Philadelphie en 2004, Tom Devaney a organisé des visites de la maison d'Edgar Allan Poe, « La maison vide », classée monument historique. Les textes de Tom Devaney ont été publiés dans les revues *Arsenal, Java, Poésie 2003* et *Double Change*. Ses essais ont paru dans les journaux *The Philadelphia Inquirer*, *The Boston Review*, *The Poetry Project Newsletter* et *Jacket*.

Parmi les publications récentes de **Ray DiPalma** on compte *Le Tombeau de Reverdy* (cip/M, 2002), *Lettres* (traduction : Vincent Dussol, Éditions Virgile, 2003) et *Gnossiennes* (Seeing Eyes Books, 2005). *Further Apocrypha* sortira cette année à Los Angeles chez Manual Arts Press. On peut trouver d'autres poèmes dans les numéros récents de *La Polygraphe*, *The Harvard Review*, *Ur Vox* et *The New Review of Literature*. Il vit à New York et enseigne à l'Institut des arts visuels (School of Visual Arts).

Brandon Downing est originaire de San Francisco. Photographe, artiste et cinéaste, il a publié deux recueils de poèmes, *The Shirt Weapon* (Germ, 2002) et *Dark Brandon* (Faux Press, 2005). Il vit à New York.

Marcella Durand est l'auteur de *Western Capital Rhapsodies* (Faux Press, 2005) et *The Anatomy of Oil* (Belladonna Books, à paraître). Elle prépare en collaboration avec Olivier Brossard, Kristin Prevallet et Omar Berrada une anthologie de poètes français contemporains à paraître chez Talisman House en 2006.

Chris Edgar est directeur des publications de *Teachers & Writers Collaborative*, association pour les arts à but non lucratif, à New York. Ses poèmes ont paru dans *The Germ, Shiny, Lincoln Center Theater Review, Sal Mimeo, The Portable Boog Reader, Best American Poetry 2000, L'Œil de Boeuf* et *Double Change*. Il a remporté le prix de poésie de la *Boston Review* en 2000. Il co-dirige la revue littéraire *The Hat*. Il a traduit en Anglais les écrits de Tolstoï sur l'enseignement, *Tolstoy as Teacher: Leo Tolstoy's Writings on Education* (Teachers & Writers Collaborative, 2000). Son recueil de poésie *At Port Royal* a été publié par Adventures in Poetry en 2003.

Les livres les plus récents de **Clayton Eshleman** sont *Juniper Fuse: Upper Paleolithic Imagination & the Construction of the Underworld* (Wesleyan University Press, 2003), *My Devotion* (Black Sparrow Books, 2004) et *Conductors of the Pit* (traductions de textes de Pablo Neruda, Antonin Artaud, Miklos Radnoti, André

Tom Devaney is author of *Letters to Ernesto Neto* (Germ Folios, 2005), a collection of letters written to the Brazilian artist Ernesto Neto and *The American Pragmatist Fell in Love* (Banshee Press, 1999). Devaney is a Lecturer in Creative Writing at the University of Pennsylvania. In the summer 2004 he conducted a series of tours of the Edgar Allan Poe National Historic Site called "The Empty House," for the Institute of Contemporary Art's show "The Big Nothing." Devaney's writing has been translated into French and published in *Arsenal, Java, Poésie 2003*, and *Double Change*. His prose and criticism has been published in *The Philadelphia Inquirer, The Boston Review, The Poetry Project Newsletter*, and *Jacket*. Devaney has an MFA in Creative Writing Poetry from Brooklyn College where he studied with Allen Ginsberg.

Ray DiPalma's recent books include *Le Tombeau de Reverdy*, cip/M, 2002, *Lettres* (translated by Vincent Dussol), Éditions Virgile, 2003, and *Gnossiennes*, Seeing Eye Books, 2005. *Further Apocrypha* is forthcoming from Manual Arts Press in L.A. in 2005. Other poems can be found in current issues of *La Polygraphe, The Harvard Review, Ur Vox*, and *The New Review of Literature*. He lives in New York City and teaches at the School of Visual Arts.

Brandon Downing is originally from San Francisco, California. A photographer, collagist and filmmaker, his poetry collections include *The Shirt Weapon* (Germ, 2002) and *Dark Brandon* (Faux Press, 2005). He lives in New York City.

Marcella Durand is the author of *Western Capital Rhapsodies*, (Faux Press, 2001), and *The Anatomy of Oil*, (Belladonna Books, forthcoming). She is the co-editor, with Olivier Brossard, Kristin Prevallet, and Omar Berrada, of an anthology of contemporary French poetry (Talisman House, 2006).

Chris Edgar's poems have appeared in *The Germ, Best American Poetry 2000* and *2001, L'Œil de Boeuf, Double Change*, and elsewhere. His collection *At Port Royal* was published by Adventures in Poetry in 2003. He won the Boston Review Prize for Poetry in 2000. He is the Publications Director of Teachers & Writers Collaborative and lives in New York City.

Clayton Eshleman's most recent books are *Juniper Fuse: Upper Paleolithic Imagination & the Construction of the Underworld* (Wesleyan University Press, 2003), *My Devotion* (Black Sparrow Books, 2004), and *Conductors of the Pit* (translations from Pablo Neruda, Cesar Vallejo, Antonin Artaud, Miklos Radnoti,

Breton, Aimé Césaire, Vladimir Holan, etc., Soft Skull, 2005). À l'automne 2006, les presses de l'Université de Californie publieront sa traduction intégrale de l'œuvre poétique de Cesar Vallejo, avec une introduction de Mario Vargas Llosa. Son site internet est www.claytoneshleman.com.

Mark Ford est né en 1962 à Nairobi, au Kenya. Il a à son actif deux recueils de poèmes : *Landlocked* (Chatto & Windus, 1992, réimprimé en 1998) et *Soft Sift* (Faber & Faber, 2001/Harcourt Brace, 2003). Il est également l'auteur d'une biographie critique du poète, dramaturge et romancier français Raymond Roussel (*Raymond Roussel and the Republic of Dreams*), publiée en 2000 chez Faber & Faber et en 2001 chez Cornell University Press. Il écrit régulièrement pour *The New York Review of Books*, *The Times Literary Supplement* et *The London Review of Books*. On compte parmi ses dernières publications une anthologie de poèmes de l'école de New York (Carcanet), un livre d'entretiens avec John Ashbery (Between the Lines) et un recueil de choix de textes en prose, *A Driftwood Altar: Essays and Reviews* (Waywiser Press).

Peter Gizzi est l'auteur de *Some Values of Landscape and Weather* (Wesleyan, 2003), *Artificial Heart* (Burning Deck, 1998) et *Periplum and Other Poems 1987-92* (Salt Publishing, 2004). Il a également dirigé la publication de *The House That Jack Built: The Collected Lectures of Jack Spicer* (Wesleyan, 1998). Plusieurs livres de Peter Gizzi ont été publiés en france : *Revival* traduit par Pascal Poyet (cipM/Spectres Familiers, 2003), *Deux mondes en un* traduit par Sébastien Smirou (rup & rud, 2003), *Un a b c de la chevalerie* traduit par Juliette Valéry (Format Américain, 2001) et *Blue Peter* traduit par Pascal Poyet (contrat main, 2000).

Jorie Graham a publié neuf recueils de poèmes, dont *The Dream of the Unified Field*, lauréat du Prix Pulitzer. Elle partage son temps entre l'ouest de la France et Cambridge, dans le Massachusetts. Elle enseigne à Harvard.

Michael Heller est poète, critique et essayiste. Son recueil de poèmes le plus récent est *Exigent Futures: New and Selected Poems* (Salt Publishing, 2003). Un choix de ses textes critiques, *Uncertain Poetries*, vient d'être publié (Salt Publishing, 2005).

Fanny Howe a récemment publié *Economics* (Flood Editions), *Gone* (University of California Press), *On The Ground* (Graywolf) et *The Wedding Dress* (University of California Press). Elle vit en Nouvelle-Angleterre, sauf lorsqu'elle voyage pour raisons professionnelles.

André Breton, Aimé Césaire, Vladimir Holan and others, Soft Skull, 2005). In the fall of 2006 University of California Press will publish his translation of *The Complete Poetry of Cesar Vallejo*, with an Introduction by Mario Vargas Llosa. His website is: www.claytoneshleman.com.

Mark Ford was born in Nairobi, Kenya in 1962. He has published two collections of poetry, *Landlocked* (Chatto & Windus, 1992, rpt. 1998), and *Soft Sift* (Faber & Faber, 2001 / Harcourt Brace, 2003). He has written a critical biography of the French poet, playwright and novelist Raymond Roussel, (*Raymond Roussel and the Republic of Dreams*) which was published by Faber & Faber in 2000, and by Cornell University Press in 2001. He is a regular contributor to the *New York Review of Books*, *The Times Literary Supplement*, and *The London Review of Books*. His most recent publications are an anthology of the work of the New York School writers (Carcanet), a book-length interview with John Ashbery, (Between the Lines), and a volume of selected prose, *A Driftwood Altar: Essays and Reviews* (Waywiser Press).

Peter Gizzi is the author of *Some Values of Landscape and Weather* (Wesleyan, 2003), *Artificial Heart* (Burning Deck, 1998), and *Periplum and Other Poems 1987 - 92* (Salt Publishing, 2004). He is also the editor of *The House That Jack Built: The Collected Lectures of Jack Spicer* (Wesleyan, 1998). His book publications in French include: *Revival* translated by Pascal Poyet (cipM/Spectres Familiers, 2003); *Deux mondes en un* translated by Sebastien Smirou (rup & rud, 2003); *Un a b c de la chevalerie* translated and with artwork by Juliette Valéry (Format Américain, 2001); and *Blue Peter* translated by Pascal Poyet with artwork by Goria (contrat main, 2000).

Jorie Graham is the author of nine collections of poetry, including *The Dream of the Unified Field*, which won the Pulitzer Prize. She divides her time between western France and Cambridge, Massachusetts, where she teaches at Harvard University.

Michael Heller is a poet, critic, and essayist. His most recent book of poems is *Exigent Futures: New and Selected Poems* (Salt Publishing, 2003). A selection of his essays, *Uncertain Poetries* has just been published (Salt Publishing, 2005).

Fanny Howe's recent books include *Economics* (Flood Editions), *Gone* (University of California Press), *On The Ground* (Graywolf), and *The Wedding Dress* (University of California Press). She lives in New England when she isn't working elsewhere.

Le dernier livre de **Susan Howe**, *The Midnight*, a été publié en 2003 chez New Directions. *Thorow*, traduit par Bernard Rival, a été publié en France en 2002 par Théâtre Typographique, et un essai, « Submarginalia », également traduit par Bernard Rival, a été inclus dans *Cette île est la mienne : écrivains et poètes de Nouvelle-Angleterre* (Théâtre Typographique, 2004).

Robert Kelly est né à Brooklyn en 1935 et a longtemps enseigné à Bard College. Il vit dans la vallée de l'Hudson avec son épouse, la traductrice Charlotte Mandell. Ses livres les plus récents sont *Lapis*, un recueil de poèmes (Godine/Black Sparrow, 2005), et ses textes en prose écrits en collaboration avec Birgit Kempfer, *Scham/Shame* (Éditions Urs Engeler, 2004), dont la version américaine, *Shame/Scham*, paraîtra à l'automne 2005 chez McPherson.

Lisa Lubasch vit à New York. Elle a publié trois recueils de poésie, *How Many More of Them Are You?* (Éditions Avec Books, 1999, prix *Norma Faber First Book*), *Vicinities* (Éditions Avec Books, 2001) et *To Tell the Lamp* (Éditions Avec Books, 2004). Sa traduction d'*Une leçon de morale* de Paul Éluard sera publiée par Green Integer Books en août 2005. Format Américain / Un bureau sur l'Atlantique a publié *De combien augmentez-vous leur nombre ?* en 2002 suite à un séminaire de traduction consacré à la poésie de Lisa Lubasch et de Rod Smith à l'abbaye de Royaumont.

Eugene Ostashevsky est l'auteur de *Iterature*, un recueil de poèmes publié à New York chez Ugly Duckling Presse, et de *Reason,* un manuscrit actuellement en attente d'un éditeur et dont est extrait «Prémisses d'herbe». Il traduit également les écrivains absurdes russes du groupe OBERIU (Vvedensky, Kharms, Zabolotsky, Oleinikov). Né en Russie en 1968, il a grandi à New York et enseigne actuellement à l'Université de New York (NYU).

Les livres de **Ron Padgett** comprennent *New & Selected Poems*, *Great Balls of Fire, The Straight Line: Writings on Poetry and Poets, Blood Work: Selected Prose, You Never Know* (poèmes) ainsi que *Oklahoma Tough: My Father, King of the Tulsa Bootleggers* (mémoires). Il a traduit *Le Poète assassiné* et l'intégralité de l'œuvre poétique de Blaise Cendrars. En 2001, Ron Padgett a été fait officier dans l'ordre des Arts et des Lettres par le ministre français de la culture et de la communication. En 2004, Coffee House Press a publié son livre *Joe: A Memoir of Joe Brainard*. Pour de plus amples détails, voir www.ronpadgett.com.

Les recueils de poèmes les plus récents de **Michael Palmer** sont *The Promises of Glass* (New Directions, 2000) et *Codes Appearing (Poems 1979-1988)*. Le travail qu'il a effectué en collaboration avec le peintre Gerhard Richter, *Richter 858*, a été

Susan Howe's most recent book, *The Midnight,* was published in 2003 by New Directions. *Thorow,* translated by Bernard Rival was published in France by Théâtre Typographique in 2002, and an essay "Submarginalia" also translated by Bernard Rival, was included in *Cette île est la mienne: écrivains et poètes de Nouvelle-Angleterre,* Théâtre Typographique, 2004.

Born in Brooklyn in 1935, **Robert Kelly** has taught at Bard College for many years. He lives with his wife, the translator Charlotte Mandell, in the Hudson Valley. The most recent of his many books are *Lapis,* a large collection of poems (Godine/Black Sparrow 2005) and his prose collaboration with Birgit Kempker *Scham/Shame* (Editions Urs Engeler 2004, American version *Shame/Scham* forthcoming from McPherson, fall 2005).

Lisa Lubasch is the author of *To Tell the Lamp* (Avec Books, 2004), *Vicinities* (Avec, 2001), and *How Many More of Them Are You?* (Avec, 1999, winner of the Norma Farber First Book Award). Her translation of Paul Éluard's *A Moral Lesson/Une leçon de morale* is forthcoming from Green Integer Books in August 2005. She lives in New York City.

Eugene Ostashevsky is the author of *Iterature,* a book of poems published by Ugly Duckling Presse, and of *Reason,* a manuscript currently in search of a publisher and from which "The Premises of Grass" was taken. He also translates Russian absurdist writers of the OBERIU group (Vvedensky, Kharms, Zabolotsky, Oleinikov). Born in Russia in 1968, he grew up in New York and currently teaches at New York University.

Ron Padgett's books include *New & Selected Poems; Great Balls of Fire; The Straight Line: Writings on Poetry and Poets; Blood Work: Selected Prose; You Never Know* (poems); and *Oklahoma Tough: My Father, King of the Tulsa Bootleggers* (a memoir). He is the translator of Guillaume Apollinaire's *Poet Assassinated* and Blaise Cendrars' *Complete Poems.* In 2001 Padgett was made an Officer in the Order of Arts and Letters by the French Ministry of Culture and Communication. In 2004 Coffee House Press issued his *Joe: A Memoir of Joe Brainard.* His website is www.ronpadgett.com.

Michael Palmer's most recent collections of poetry are *The Promises of Glass* (New Directions, 2000), and *Codes Appearing: Poems 1979-1988* (New Directions, 2001). His contribution to a multiple collaboration with the painter Gerhard

publié à l'automne 2002 par le Musée d'art moderne de San Francisco. Un nouveau recueil de poèmes, *Company of Moths*, est annoncé pour le printemps 2005. Il vit à San Francisco.

Kristin Prevallet est l'auteur de *Scratch Sides: Poetry, Documentation and Image-text Projects*. Elle vit à Brooklyn.

La dernière publication poétique de **Joan Retallack** est *Memnoir*, un long poème publié en 2004 aux États-Unis par Post-Apollo Press et en France par le Centre International de Poésie de Marseille. Son recueil d'essais, *The Poethical Wager*, est paru l'an dernier aux Presses de l'Université de Californie, qui publieront également son livre sur Gertrude Stein (avec un choix de textes) dans leur collection « The Millenium ». On lui doit également *MUSICAGE: John Cage in Conversation with Joan Retallack* (pour lequel elle a remporté en 1996 le prix The American Award in Belles-Lettres) et *Afterrimages* (Wesleyan University Press), *Mongrelisme* (Paradigm Press), *How to Do Things with Words* (Sun & Moon Classics) ainsi qu'*Errata 5uite* (Edge Books). Joan Retallack vient de commencer à travailler sur «La Réinvention de la vérité», projet poétique d'un an. Elle occupe à Bard College la chaire John D. & Catherine T. MacArthur en sciences humaines. Elle enseigne la poétique et les arts interdisciplinaires.

Sarah Riggs est née à New York en 1971 et vit à Paris depuis 2001. Elle est l'auteur de *Word Sightings: Poetry and Visual Media in Stevens, Bishop, & O'Hara* (Routledge, 2002). Ses poèmes ont paru dans *American Letters & Commentary, Aufgabe, Chain, Conjunctions, New American Writing, Petite*, et *1913-A Journal of Forms*. Elle est membre de Double Change à Paris, association qui organise des lectures bilingues de poésie et qui publie une revue sur Internet. Elle a traduit plusieurs poètes françaises dont Isabelle Garron, Marie Borel et Oscarine Bosquet.

Stephen Rodefer est l'auteur de *Four Lectures, Villon by Jean Calais*, et *Mon Canard* (traduction augmentée des « Qualificatifs donnés aux femmes » d'Annette Messager). Ces dix dernières années, il a surtout vécu à Paris. Certains de ses poèmes traduits en français sont parus dans des revues telles que *Zuk, Action poétique, Java* et *Poésie* ainsi que dans l'anthologie *41+1 nouveaux poètes américains*, sous la direction de Claude Royet-Journoud et d'Emmanuel Hocquard, ainsi que dans *Noir et blanc*, sous la direction d'Henri Deluy. Il travaille actuellement à une traduction des *Fleurs du mal* intitulée *Baudelaire OH/Fever Flowers/les fleurs du val*.

Richter was published by the San Francisco Museum of Modern Art in the fall of 2002 as *Richter 858*. A new book of poems, *Company of Moths*, will appear in spring 2005. He lives in San Francisco.

Kristin Prevallet is the author of *Scratch Sides: Poetry, Documentation and Image-text Projects*. She lives in Brooklyn.

Joan Retallack's most recent book of poetry is *Memnoir* – a long poem published in the US (Post-Apollo Press) and in French translation (CIP-Marseilles) in 2004. *The Poethical Wager*—a volume of essays—came out last year from The University of California Press which will publish her forthcoming book on Gertrude Stein— with a selection of works—in its Poets for The Millennium series. She is also the author of *MUSICAGE: John Cage in Conversation with Joan Retallack*, winner of the 1996 America Award in Belles-Lettres, and of *Afterrimages* (Wesleyan University Press), *Mongrelisme* (Paradigm Press), *How To Do Things With Words* (Sun & Moon Classics), and *Errata 5uite* (Edge Books). Retallack is in the early stages of a year-long poetic project called "The Reinvention of Truth." She is John D. & Catherine T. MacArthur Professor of Humanities at Bard College where she teaches poetics and interdisciplinary arts.

Sarah Riggs was born in New York in 1971, and has lived in Paris since 2001. She is the author of *Word Sightings: Poetry and Visual Media in Stevens, Bishop, & O'Hara* (Routledge, 2002). Her poetry appears in *American Letters & Commentary*, *Aufgabe*, *Chain*, *Conjunctions*, *New American Writing*, *Petite*, and *1913-A Journal of Forms*. She is part of Double Change, a bilingual poetry association in Paris that organizes a reading series and a web journal. Her translations include Isabelle Garron's *Face before against* (Seeing Eye Books 2005) and, with Omar Berrada, Marie Borel's *Fox Trump* (Issue 4, www.doublechange.com) and Oscarine Bosquet's *By Day* (Duration Press 2005).

Author of *Four Lectures*, *Villon by Jean Calais*, and *Mon Canard*, (an expanded translation of Annette Messager's "Les qualificatifs donnés aux femmes"), the American poet **Stephen Rodefer** has lived in Paris for most of the last ten years. Some of his texts translated into French have appeared in the journals *Zuk*, *Action Poétique*, *Java*, and *Poésie* and in the anthologies *41 + 1, nouveaux poètes américains*, edited by Claude Royet-Journoud and Emmanuel Hocquard, and *Noir et blanc*, edited by Henri Deluy. He is currently working on a translation of *Les fleurs du mal* called *Baudelaire OH / Fever Flowers / les fleurs du val*.

Lytle Shaw a publié plusieurs livres, dont *Cable Factory 20*, *Principles of the Emeryville Shellmound* et *Low Level Bureaucratic Structures : A Novel*. Il a aussi écrit une étude de l'œuvre du poète Frank O'Hara, *Frank O'Hara and Coterie*. Lytle Shaw dirige la revue de critique littéraire et artistique *Shark* avec Emilie Clark. Il est responsable de la série de lectures *The Line Reading Series* à la galerie *The Drawing Center* à New York. Il enseigne l'anglais à l'Université de New York (NYU).

Eleni Sikelanios vient de publier deux nouveaux livres : *The California Poem* (Coffee House) et *The Book of Jon* (City Lights). On compte parmi ses précédents livres *The Monster Lives of Boys & Girls* (Green Integer Books, National Poetry Series), *Earliest Worlds* (Coffee House), *The Book of Tendons* (Post-Apollo), ainsi que *to speak while dreaming* (Selva Editions). Elle partage actuellement sa vie dans le Colorado avec le romancier Laird Hunt et enseigne aux doctorants en *creative writing* de l'Université de Denver.

Rod Smith est l'auteur de *In Memory of My Theories* (O Books, 1996), *The Boy Poems* (BDB) et *Protective Immediacy* (Roof). Il a aussi écrit *New Mannerist Tricycle* en collaboration avec Lisa Jarnot et Bill Luoma. Son long poème, *The Good House*, a été publié par Spectacular Books en 2001 et *Music or Honesty* par Roof en 2003. Ses poèmes ont été inclus dans plusieurs anthologies et revues littéraires, dont *Anthology of New (American) Poets*, *The Baffler*, *The Germ*, *The Gertrude Stein Awards*, *Java*, *New American Writing*, *Open City*, *Shenandoah* et *The Washington Review*. En France, son recueil *Poèmes de l'araignée* a été publié par Format Américain, maison dirigée par Juliette Valéry, en 2003. Rod Smith vit à Washington, où il publie la revue littéraire *Aerial* et dirige la maison d'édition *Edge Books*. Il enseigne à Towson State University, dans le Maryland, quand il ne s'occupe pas de la librairie Bridge Street Books à Washington D. C.

Cole Swensen est l'auteur de neuf recueils de poésie. *Nef*, traduit en français par Rémi Bouthonnier, sera publié en 2005 par Petits Matins. Elle traduit également des auteurs français contemporains. En 2004, elle s'est vu décerner le Prix PEN USA (traduction littéraire) pour sa traduction de *L'Île des morts* de Jean Frémon.

Les deux derniers livres de **David Trinidad**, *Phoebe 2002: An Essay in Verse* et *Plasticville*, ont été publiés chez Turtle Press. Il compte à son actif dix autres recueils de poésie, parmi lesquels *Answer Song* (High Risk Books), *Hand Over Heart: Poems 1981-1988* (Amethyst Press), et *Pavane* (Sherwood Press). Originaire de Los Angeles, David Trinidad a vécu à San Francisco et à New York. Il enseigne actuellement la poésie à Columbia College, à Chicago, où il dirige le programme de troisième cycle et co-dirige la revue *Court Green*.

Lytle Shaw's books include *The Lobe* (Roof, 2001) and *Cable Factory 20* (Atelos, 1999). He has collaborated with the painter Emilie Clark, with whom he co-edits Shark, a journal of art and writing. Lytle Shaw teaches at New York University and he curates a reading series at the Drawing Center.

Eleni Sikelianos's two new books are *The California Poem* (Coffee House Press), and *The Book of Jon* (Nonfiction; City Lights). Previous books include *The Monster Lives of Boys & Girls* (Green Integer Books, National Poetry Series), *Earliest Worlds* (Coffee House Press), *The Book of Tendons* (Post-Apollo Press), and *to speak while dreaming* (Selva Editions). She currently lives in Colorado, where she lives with her husband, fiction writer Laird Hunt, and teaches in the Creative Writing PhD program at the University of Denver.

Rod Smith is the author of *In Memory of My Theories* (O Books), *The Boy Poems* (BDB), *Protective Immediacy* (Roof), *New Mannerist Tricycle* with Lisa Jarnot and Bill Luoma, (Beautiful Swimmer), & *Music or Honesty* (Roof). *The Good House*, a long poem, was published by Spectacular Books in 2001. His work has appeared in numerous magazines and anthologies including *Anthology of New American Poets, The Baffler, The Gertrude Stein Awards, New American Writing, Open City, Shenandoah,* and *The Washington Review*. He edits *Aerial magazine*, publishes Edge Books, and manages Bridge Street Books in Washington, DC. He teaches Cultural Studies at Towson State University in Maryland.

Cole Swensen is the author of nine volumes of poetry; *Nef*, translated into French by Rémi Bouthonnier, will be published by Petits Matins in 2005. She is a translator of contemporary French poetry. Her translation of Jean Frémon's *L'Île des morts* won the PEN USA award for literary translation in 2004.

David Trinidad's last two books, *Phoebe 2002: An Essay in Verse* and *Plasticville*, were published by Turtle Point Press. He is the author of ten other books of poetry, among them *Answer Song* (High Risk Books), *Hand Over Heart: Poems 1981-1988* (Amethyst Press), and *Pavane* (Sherwood Press). Originally from Los Angeles, Trinidad has lived in San Francisco and New York, and currently teaches poetry at Columbia College in Chicago, where he directs the graduate poetry program and co-edits the journal *Court Green*.

Avec Rosmarie Waldrop, **Keith Waldrop** dirige la maison d'édition Burning Deck fondée en 1961 alors qu'ils étaient tous deux étudiants à l'Université du Michigan. Keith Waldrop enseigne depuis 1968 à Brown University. Son premier livre, *A Windmill Near Calvary*, a été retenu pour le prix littéraire « The National Book Award ». *The Silhouette of the Bridge*, volet d'une trilogie publiée par les éditions Avec, a reçu le prix « The Americas Award for Poetry » en 1997. Pour ses nombreuses traductions de poètes contemporains français, Keith Waldrop a reçu deux bourses du NEA (National Endowment for the Arts). Il a été fait chevalier dans l'ordre des Arts et des Lettres en 2000. Son dernier livre, *The Real Subject: Queries and Conjectures of Jacob Delafon With Sample Poems* (*Le vrai sujet : interrogations et conjectures de Jacob Delafon avec choix de poèmes*), a été publié par Omnidawn en 2004.

Poète de renommée internationale, **Anne Waldman** est aussi artiste et professeur. Elle a de nombreux liens avec l'école de New York, la Beat Generation et les courants expérimentaux de la poésie américaine contemporaine. Elle est professeur de poétique à l'école « The Jack Kerouac School of Disembodied Poetics » de l'Université de Boulder dans le Colorado, école qu'elle a fondée avec Allen Ginsberg en 1974. Anne Waldman a publié plus de trente livres, dont les plus récents sont *Vow To Poetry: Essays, Interviews & Manifestos*, (Coffee House Press, 2001) *Marriage: A Sentence* (Penguin Poets, 2000), *Iovis: All Is Full of Jove: Books I & II* (Coffee House Press), *Kill or Cure* (Penguin Poets).

Jonathan Williams a, ces cinquante dernières années, écrit poèmes et essais quand il ne faisait pas de la photographie. Il a fondé la maison d'édition the Jargon Society qu'il dirige encore aujourd'hui. Parmi ses derniers livres, citons *A Palpable Elysium* (David Godine), livre rassemblant textes et photos, *A Garden Carried in a Pocket, correspondance avec l'écrivain Guy Davenport entre 1964 et 1968* (Green Shade, James S. Jaffe Rare Books), *Jubilant Thickets, poèmes nouveaux et choisis* (Copper Canyon Press). Jonathan Williams vit à Skywinding Farm (Scaly Mountain), en Caroline du Nord, avec Tom Meyer, poète, traducteur et chef de renom. Tous deux travaillent pour H-B Kitty, une magnifique chatte tigrée rousse qui raffole de crevettes.

Elizabeth Willis a publié trois livres de poésie, dont les plus récents sont *Turneresque* (Burning Desk, 2003) et *The Human Abstract* (Penguin, 1995).

Keith Waldrop co-edits, with Rosmarie Waldrop, the small press Burning Deck, founded in 1961 while they were graduate students at the university of Michigan ; he has taught at Brown University since 1968. His first book, *A Windmill Near Calvary*, was nominated for the National Book Award. *The Silhouette of the Bridge*, part of a trilogy published by Avec, won the 1997 Americas Award for Poetry. His translations of contemporary French poetry have been supported by two NEA translation fellowships and the government of France has awarded him the rank of Chevalier des Arts et Lettres. His most recent book, *The Real Subject: Queries and Conjectures of Jacob Delafon With Sample Poems*, was published by Omnidawn in 2004.

Anne Waldman is an internationally known poet, performer, professor, editor, with strong personal links to the New York School, the Beat Literary Movement, and the experimental strands of the New American Poetry. She is a Distinguished Professor of Poetics at The Jack Kerouac School of Disembodied Poetics at the Naropa Institute (University of Boulder, Colorado), a program she co-founded with poet Allen Ginsberg in 1974. She is the author of over 30 books including, most recently, *Vow To Poetry: Essays, Interviews & Manifestos*, (Coffee House Press, 2001) *Marriage: A Sentence* (Penguin Poets, 2000), the 20th anniversary edition of *Fast Speaking Woman* (City Lights Books), *Iovis: All Is Full of Jove: Books I & II* (Coffee House Press), *Kill or Cure* (Penguin Poets).

Jonathan Williams has been writing poems and essays and taking photographs for over 50 years. He is the founder and publisher of the Jargon Society.
Recent books include *A Palpable Elysium*, photographs and texts (David Godine, Publisher), *A Garden Carried in a Pocket, letters to and from Guy Davenport, 1964-1968* (Green Shade, James S. Jaffe Rare Books), *Jubilant Thicket, new and selected poems* (Copper Canyon Press).
Jonathan Williams shares "Skywinding Farm" in Scaly Mountain, North Carolina, with Tom Meyer, poet, translator, and chef of renown. They both work for H-B Kitty, their amazing shrimp mad orange tabby.

Elizabeth Willis is the author of three books of poetry, most recently *Turneresque* (Burning Deck, 2003) and *The Human Abstract* (Penguin, 1995).

Andrew Zawacki est l'auteur de deux livres de poésie, *Anabranch* (Wesleyan, 2004) et *By Reason of Breakings* (Georgia, 2002), ainsi que d'un recueil à tirage limité, *Masquerade* (Vagabond, 2001), qui lui a valu le Prix Alice Fay di Castagnola de la Poetry Society of America. Corédacteur de la revue littéraire *Verse*, il a dirigé la publication de *The Verse Book of Interviews* (Verse, 2005) et de *Afterwards: Slovenian Writing 1945-1995* (White Pine, 1999). Il prépare actuellement un doctorat à l'Université de Chicago.

Andrew Zawacki is the author of two poetry books, *Anabranch* (Wesleyan, 2004) and *By Reason of Breakings* (Georgia, 2002), as well as of a chapbook, *Masquerade* (Vagabond, 2001), which received the Alice Fay Di Castagnola Award from the Poetry Society of America. Co-editor of *Verse* and of *The Verse Book of Interviews* (Verse, 2005), he also edited *Afterwards: Slovenian Writing 1945-1995* (White Pine, 1999). He is a doctoral candidate in Social Thought at the University of Chicago and an exchange fellow at the Sorbonne.

Remerciements

Nous aimerions ici remercier les auteurs qui ont répondu à notre appel, qui se sont prêtés au jeu avec autant de grâce, et qui nous ont envoyé des textes merveilleux. Merci aux traducteurs qui ont aimablement accepté de traduire les textes de cette anthologie en si peu de temps. Ce ne sont pas uniquement des traductions qu'ils nous offrent mais de nouveaux poèmes.

Le peintre Trevor Winkfield nous a permis d'utiliser son tableau *Garden V* pour la couverture de cette anthologie. Eric Brown, Andrew Arnot et Rachel Kozinn de la galerie Tibor de Nagy à New York nous ont gracieusement permis de reproduire le tableau. Merci à eux.

Nous souhaiterions aussi remercier l'agence littéraire Georges Borchardt et tous les éditeurs et revues littéraires chez qui les textes précédemment publiés avaient déjà paru : Avec Books, *The Boston Review*, Coffee House Press, Coracle Press, Ecco/HarperCollins, The Figures, The Germ Monographs, Litmus Press, *The London Review of Books*, New Directions Publishing House, *POeP!*, *Rattapallax*, Salt Press, Sherwood Press, Spectacular Books, The University of Chicago Press, Juliette Valéry et Un Bureau sur l'Atlantique, *Web Conjunctions*, Wesleyan University Press, Zoland Books.

Merci à David Brossard, Marcella Durand, David Kermani et Thomas Meyer.
Merci à Claire Guillot pour sa relecture vigilante du manuscrit.
Merci à Macgregor Card pour sa traduction de la préface.

Merci à Brunhilde Biebuyck, directrice des études, programme de l'université de Columbia à Paris, pour avoir mis Reid Hall à notre disposition le 5 juillet 2005 à l'occasion du lancement de ce livre. Merci aussi à l'association Double Change.

Merci à Philippe Jaworski et à Marc Chénetier de l'université de Paris 7 pour leur soutien.

Enfin, un grand merci à Jonathan Rabinowitz, Bernard et Brigitte Martin, pour leur amitié et leur grande générosité.

Acknowledgments

We would like to thank the poets who have so gracefully and kindly answered our call for poems. We also thank the translators who have worked so fast and so well in so little time. They have not merely sent us new translations; they have offered us new poems to read.

Trevor Winkfield has allowed us to use his painting *Garden V* for the cover of the anthology. Eric Brown, Andrew Arnot and Rachel Kozinn of the Tibor de Nagy gallery in New York have granted us permission to reprint the painting. Our deepest thanks to all of them.

Grateful acknowledgment is made to Georges Borchardt, Inc. and to the editors and publishers of the following publications, in which some of the poems in this book first appeared: Avec Books, *The Boston Review*, Coffee House Press, Coracle Press, Ecco/HarperCollins, The Figures, The Germ Monographs, Litmus Press, *The London Review of Books*, New Directions Publishing House, *POeP!*, *Rattapallax*, Salt Press, Sherwood Press, Spectacular Books, The University of Chicago Press, Juliette Valéry and Un Bureau sur l'Atlantique, *Web Conjunctions*, Wesleyan University Press, Zoland Books.

Thanks to David Brossard, Marcella Durand, David Kermani and Thomas Meyer for their help.
Thanks to Claire Guillot for her careful reading of the manuscript.
Thanks to Macgregor Card for his translation of the preface.

Thanks to Brunhilde Biebuyck of Columbia University in Paris for allowing us to use Reid Hall on July 5, 2005 to launch the book. Thanks to the association Double Change.

Thanks to Philippe Jaworski and Marc Chénetier of the University of Paris 7 for their support.

Last but not least, our deepest thanks to Jonathan Rabinowitz, Bernard and Brigitte Martin for their friendship and generosity.

ACHEVÉ D'IMPRIMER EN JUIN 2005
SUR LES PRESSES DE L'IMPRIMERIE OFFSET 5
À LA MOTHE-ACHARD EN VENDÉE

dépôt légal 3ᵉ trimestre 2005

Printed in the United States
105063LV00002B/7/A

9 781885 586469